KB107763

신주사기 9

효경본기

효무본기

이 책은 롯데장학재단의 지원을 받아 번역, 출간되었습니다.

신주사기 9/ 효경본기·효무본기

초판 1쇄 인쇄 2020년 3월 1일
초판 1쇄 발행 2020년 3월 16일

지은이 (본문) 사마천
      (삼가주석) 배인·사마정·장수절
번역 및 신주 한가람역사문화연구소 사기연구실

펴낸이 이덕일
펴낸곳 한가람역사문화연구소

등록번호 제2019-000147호
주소 서울특별시 마포구 마포대로라길 8 2층
전화 02) 711-1379
팩스 02) 704-1390
이메일 hgr4012@naver.com

ISBN 979-11-969482-9-0 93910

이 도서의 국립중앙도서관 출판시도서목록(CIP)은
서지정보유통지원시스템 홈페이지(http://seoji.nl.go.kr)와
국가자료공동목록시스템(http://www.nl.go.kr/kolisnet)에서 이용하실 수 있습니다.
(CIP제어번호: CIP2020005316)

세계 최초
삼가주석
완역!

신주
사기

⑨

효경본기
효무본기

지은이
본문_ 사마천
삼가주석_ 배인·사마정·장수절

번역 및 신주
한가람역사문화연구소 사기연구실

한가람역사문화연구소

차례

사기 제11권 史記卷十一
효경본기 孝景本紀

新註史記

사기 제12권 史記卷十二

효무본기 孝武本紀

사기 제11권 史記卷十一

효경본기 孝景本紀

제1장

의혹 속에 즉위한
효경제

오초칠국의 난

효경황제는[①] 효문제의 가운데 아들로[②] 어머니는 두태후竇太后이다. 효문제가 대왕代王으로 있을 때 전 왕후에게 3명의 아들이 있었으나 두태후가 총애를 얻음에 이르러 전 왕후가 죽고 세 아들들도 잇달아 죽음에 이르렀다. 그래서 효경제가 황위에 올랐다.

원년元年 4월 을묘일에 천하에 사면령을 내렸다. 을사일에 백성들에게 작위를 한 등급씩 내렸다. 5월에 경전의 조세를 절반으로 감면했다. 효문황제를 위해 태종묘를 세웠지만 여러 신하들에게 입조해서 하례하지 못하게 했다. 흉노가 대代 땅으로 쳐들어와 화친의 조약을 맺었다.

孝景皇帝[①]者 孝文之中子也[②] 母竇太后 孝文在代時 前后有三男 及竇太后得幸 前后死 及三子更死 故孝景得立 元年四月乙卯 赦天下 乙巳 賜民爵一級 五月 除田半租 爲孝文立太宗廟 令羣臣無朝賀 匈奴入代 與約和親

① 孝景皇帝효경황제

집해 《한서음의》는 "휘諱는 계啓다."라고 했다.
【集解】 漢書音義曰 諱啓

정의 《시법》에서는 "의義로 말미암아 세상을 구제하는 것이 경景이
다."고 했다.
【正義】 諡法曰 繇義而濟曰景

② 孝文之中子也효문지중자야

신주 청나라 양옥승은 "효문제는 4남을 두었는데, 경제가 장남이기
때문에 자리에 올라 세자가 되었다. 사가들은 그 전에 요절한 세 아들
과 아울러 이를 헤아려 중자라고 했는데, 그릇된 것이라."고 했다.

2년 봄, 예전 상국이었던 소하蕭何의 손자 소계蕭係를[①] 무릉후
武陵侯로 봉했다. 남자는 20세가 되면 요역을 하게 했다.[②] 4월
임오일에 효문태후가[③] 붕어했다. 광천왕과 장사왕이[④] 모두 봉국
으로 갔다. 승상 신도가申徒嘉가 죽었다. 8월, 어사대부 개봉후
開封侯 도청陶青을 승상으로 삼았다. 혜성이 동북쪽에 나타났다.

二年春 封故相國蕭何孫係[①]爲武陵侯 男子二十而得傅[②] 四月壬午
孝文太后[③]崩 廣川 長沙[④]王皆之國 丞相申屠嘉卒 八月 以御史大夫
開封陶青爲丞相 彗星出東北

① 係계

집해 서광은 《한서》에 '계係'로 되어 있다."고 했다. 추탄생은 "본래
'혜傒'이고 '혜奚'로 발음한다."고 했다. 또 상고해보니《한서》〈공신표功
臣表〉와 〈소하전蕭何傳〉에 모두 손자 가嘉(소가)를 봉했다고 했는데 그
사람이 2개의 이름이 있는 것인지 의심스럽다.

【集解】 徐廣曰 漢書亦作 係 鄒誕生本作傒 音奚 又按 漢書功臣表及蕭何
傳皆云孫嘉 疑其人有二名

색은 《한서》에 또 '계係'로 되어 있다."고 했다. 추탄생은 본래 '혜傒'
라고 했다. 또 상고해보니《한서》〈공신표功臣表〉와 〈소하전蕭何傳〉에는
모두 손자 가嘉를 봉했다고 했는데 그 사람이 2개의 이름이 있는 것인

지 의심스럽다.

【索隱】 漢書亦作 係 鄒誕生本作 偰 又按 漢書功臣表及蕭何傳皆云封何

孫嘉 疑其人有二名也

② 得傅득부

색은 傅의 발음은 '부附'이다. 순열苟悅은 "부傅는 정졸正卒이다."라

고 했다. 소안小顔은 "구법舊法에는 23세에 부傅가 되는데 지금 한 것이

다."고 했다.

【索隱】 音附 苟悅云 傅 正卒也 小顔云舊法二十三而傅 今改也

신주 《신역사기》에 "부傅는 이름이 호적에 등록되어 이로부터 부세

를 교납하는 것이라."고 했다. 양옥승梁玉繩은 "득得자는 당연히 아래

의 '부傅' 자로 인하여 잘못된 연문衍文이라."고 했다.

③ 孝文太后효문태후

색은 박태후薄太后이다. 또한 지양芷陽의 서쪽에 장례를 치르고 소

릉少陵이라고 했다.

【索隱】 薄太后也 亦葬芷陽西 曰少陵也

④ 廣川長沙광천장사

광천왕廣川王 팽조彭祖와 장사왕長沙王 발發은 모두 경제의 아들인데, 자신들의 나라로 나가게 했다.

【索隱】 廣川王彭祖 長沙王發皆景帝子 遣就國也

가을날 형산衡山에 우박이① 내렸는데 큰 것은 다섯 치나 되었고 깊이 파인 곳은 두 자나 되었다. 형혹성熒惑星(화성)이 역행해서 북극성의 위치에 머물렀다. 달이 북극성의 사이에 출현했다. 세성歲星(목성)이 천정天廷의 중앙을 역행했다.② 남릉南陵과 내사內史와 대우杸翮에③ 현을 설치했다.

秋 衡山雨雹① 大者五寸 深者二尺 熒惑逆行 守北辰 月出北辰閒 歲星逆行天廷中② 置南陵及內史杸翮③爲縣

---

① 雨雹우박

정의 雨의 발음은 '우[于付反]'이다.

【正義】 雨 于付反

② 熒惑逆行~歲星逆行天廷中형혹역행~세성역행천정중

신주 《신역사기》는 "목성이 운행하여 태미원太微垣에 이르렀다. 세성歲星은 곧 지금의 목성을 말하는 것이고, 12년에 태양을 한 바퀴를 도

니 옛날 사람들은 기년紀年으로 사용하여 세성歲星이라 했다. 천정天廷
은 태미원太微垣으로써 북두성의 남쪽에 있는데, 별이 10과가 있다. 화
성의 역행, 달에 북극성 출현, 목성의 천정으로 역행, 이 세 가지는 천문
상의 반상현상反常現象으로 옛사람들은 상서롭지 못한 것으로 여겼다."
고 했다.

③ 南陵及內史祋祤남릉급내사대우

집해 서광은 "〈지리지〉에 문제 7년에 설치했다."고 했다. 배인이 상고
해보니 〈지리지〉와 〈백관표百官表〉에 "남릉현南陵縣은 문제가 설치했다.
내사內史를 좌우로 분리하고 대우祋祤를 현縣으로 했는데 모두 경제景
帝 2년에 설치했다."고 하여 서광이 말한 바와 모두 같지는 않았다.

【集解】 徐廣曰 地理志云 文帝七年置 駰按 地理志 百官表南陵縣文帝置
也 分內史爲左右 及祋祤爲縣 皆景帝二年 不得皆如徐所云

색은 추탄생은 "祋의 발음은 '되[都會反]', 또는 '좌[丁活反]'이고, 祤
의 발음은 우羽, 또는 우詡이다."라고 했다.

【索隱】 鄒誕生祋音都會反 又音丁活反 祤音羽 又音詡

신주 여기에서는 한국의 한자음을 따서 '대우祋祤'라고 표기했다.

> 3년 정월 을사일에 천하에 사면령을 내렸다. 꼬리가 긴 혜성이
> 서쪽에 나타났다. 저절로 일어난 불로[①] 낙양의[②] 동궁 대전과 성
> 루가 소실되었다.
>
> 三年正月乙巳 赦天下 長星出西方 天火[①]燔雒陽[②]東宮大殿城室

① 天火천화

[집해] 서광은 "〈한서지리지〉에는 이런 내용이 없다."고 했다.

【集解】 徐廣曰 漢志無

[신주] 천화는 자연적으로 발생한 불을 뜻한다.

② 雒陽낙양

[집해] 서광은 "낙雒은 다른 판본에 '회淮'로 되어 있다."고 했다.

【集解】 徐廣曰 雒 一作淮

[색은] 낙양雒陽은 《한서漢書》에 '회양淮陽'으로 되어 있다."고 했으며,
화재로 인하여 노로 왕을 옮겼다.

【索隱】 雒陽漢書作 淮陽 災 故徙王於魯也

오왕 비와[1] 초왕 무,[2] 조왕 수,[3] 교서왕 앙,[4] 세남왕 벽광,[5] 치천왕 현,[6] 교동왕 웅거가[7] 반란을 일으켜 군사를 일으켜 서쪽으로 향했다.[8]

吳王濞[1] 楚王戊[2] 趙王遂[3] 膠西王卬[4] 濟南王辟光[5] 菑川王賢[6] 膠東王雄渠[7]反 發兵西鄉[8]

① 吳王濞오왕비

정의 "濞의 발음은 '피[匹備反]'다. 고조高祖의 중형仲兄의 아들이다. 그래서 한고조漢高祖 12년에 봉했는데 33년에 반역했다. 〈연표年表〉에는 오吳에 도읍했는데 실제로는 강도江都에 있었다."고 했다.
【正義】 音匹備反 高祖兄仲子 故漢高祖十二年封 三十三年反 年表云都吳 其實在江都也

② 楚王戊초왕무

정의 고조高祖의 아우인 초왕楚王 교交의 손자인데 왕위를 계승한 지 21년에 반역하고 팽성彭城에 도읍했다.
【正義】 高祖弟楚王交孫 嗣二十一年反 都彭城

③ 趙王遂조왕수

정의 고조의 손자이고 유왕幽王 우友의 아들인데 왕위를 계승한 지 26년에 반역하고 한단邯鄲에 도읍했다.

【正義】 高祖孫 幽王友子 嗣二十六年反 都邯鄲

④ 卬앙

정의 卬의 발음은 '앙[五郎反]'이다. 고조의 손자로서 제도혜왕齊悼惠王의 아들이고 옛날 평창후平昌侯인데, 후侯가 된 지 10년에 반역하고 밀주密州 고밀현高密縣에 도읍했다.

【正義】 卬 五郎反 高祖孫 齊悼惠王子 故平昌侯 十年反 都密州高密縣

⑤ 辟光벽광

정의 辟은 '벽壁'으로 발음한다. 고조의 손자로서 제도혜왕의 아들이고 지난날 늑후扐侯였는데 후가 된 지 11년에 반역했다. 《괄지지》에는 "제남濟南의 고성은 치천菑川 장산현長山縣 서북쪽 30리에 있다."고 했다.

【正義】 辟音壁 高祖孫 齊悼惠王子 故扐侯 立十一年反 括地志云 濟南故城在淄川長山縣西北三十里

⑥ 賢현

정의 고조의 손자로서 제도혜왕의 아들이다. 지난날 무성후武城侯

였는데 후가 된 지 11년에 반역하고 극劇 땅에 도읍했다.《괄지지》에는 "치주현菑州縣이다. 옛날 극성劇城은 청주靑州 수광현壽光縣 남쪽 31리에 있는데 옛날 기국紀國이다."라고 했다.

【正義】 高祖孫 齊悼惠王子 故武城侯 立十一年反 都劇 括地志云 菑州縣也 故劇城在靑州壽光縣南三十一里 故紀國

⑦ 雄渠웅거

정의　고조의 손자로서 제도혜왕의 아들이며 지난날 백석후白石侯인데 후가 된 지 11년에 반역하고 즉묵卽墨에 도읍했다.《괄지지》에는 "즉묵 고성古城은 밀주密州 교수현膠水縣 동남쪽 60리에 있는데 곧 교동국膠東國이다."라고 했다.

【正義】 高祖孫 齊悼惠王子 故白石侯 立十一年反 都卽墨 括地志云 卽墨故城在密州膠水縣東南六十里 卽膠東國也

⑧ 吳王濞~發兵西鄉오왕비~발병서향

신주　칠국의 난을 일컫는다. 효경제 유계의 사부 조조晁錯의 삭번책削藩策이 도화선이 되었다. 제후들이 다스리던 번을 철폐하는 삭번책에 반발한 칠국은 "조조를 주살하고 임금 곁의 간신을 제거해 달라."는 깃발을 내걸고 봉기했다가 주아부에게 진압되었다.

천자(경제)는 조조를^① 처형하고 원앙을 보내 타일러 보았지만 그치지 않고 마침내 서쪽으로 양粱^② 땅을 포위했다. 경제는 대장군 두영竇嬰과 태위 주아부周亞夫를 파견해 군사를 거느리고 가서 주륙하게 했다. 6월 을해일에 도망친 군사들과 초원왕의 아들 예藝^③ 등과 반란을 꾀한 자들을 사면했다. 대장군 두영을 위기후魏其侯로^④ 봉했다. 초원왕의 아들 평륙후 예平陸侯禮를^⑤ 초왕으로 삼아 세웠다.

天子爲誅晁錯^① 遣袁盎諭告 不止 遂西圍粱^② 上乃遣大將軍竇嬰 太尉周亞夫將兵誅之 六月乙亥 赦亡軍及楚元王子藝^③等與謀反者 封大將軍竇嬰爲魏其侯^④立楚元王子平陸侯禮^⑤爲楚王

① 晁錯조조

신주 조조(?~서기전 154년)는 전한前漢 시대의 정치가이다. 하남 영천潁川 사람으로 법가를 신봉했다. 경제景帝 때 어사대부御史大夫로 삭번책을 황제에게 권고해 오초칠국吳楚七国의 난이 일어나 결국 처형당했다.

② 梁량

정의 양효왕梁孝王이 수양睢陽에 도읍했는데 지금의 송주宋州이다.
【正義】 梁孝王都睢陽 今宋州

③ 䡱예

정의 䡱는 '예[魚曳反]'이다. 글자는 또한 예藝로 되어 있는데, 발음은
같다.
【正義】 䡱 魚曳反 字亦作 藝 音同

④ 魏其侯위기후

정의 〈지리지〉에는 "위기魏其는 낭야琅邪에 속해 있다."고 했다.
【正義】 地理志云 魏其屬琅邪

⑤ 平陸侯禮평륙후예

색은 위소는 "평륙平陸은 서하현西河縣이다. 예禮는 곧 유향劉向의
종증조왕부從曾祖王父이다."라고 했다.
【索隱】 韋昭云 平陸 西河縣 禮即向之從曾祖王父也

정의 응소는 "평륙은 서하현西河縣이다."라고 했다.
【正義】 應劭云 平陸 西河縣

황자 단端을① 교서왕으로 세워 삼고 황자 승勝을② 중산왕으로
삼았다. 제북왕③ 지志를 옮겨 치천왕菑川王으로 삼고 회양왕④
여餘를 노왕魯王으로⑤ 삼고 여남왕⑥ 비非를 강도왕江都王으로⑦
삼았다. 제왕齊王 장려將廬와⑧ 연왕燕王 가嘉가⑨ 모두 훙薨(제후
의 죽음)했다.⑩

立皇子端①爲膠西王 子勝②爲中山王 徙濟北王③志爲菑川王 淮陽④
王餘爲魯⑤王 汝南⑥王非爲江都王⑦ 齊王將廬⑧ 燕王嘉⑨皆薨⑩

① 端단

신주 효경제의 부인 정희程姬의 아들이다.

② 勝승

신주 효경제의 부인 가賈의 아들이다.

③ 濟北王제북왕

정의 제濟는 발음이 '제[子禮反]'이다. 제북국濟北國은 지금의 제주濟
州 노현盧縣인데 곧 제북왕이 도읍한 곳이다.

【正義】 濟 子禮反 濟北國今濟州盧縣 即濟北王所都

④ 淮陽회양

정의 　회양국淮陽國은 지금의 진주陳州이다.

【正義】　淮陽國今陳州

⑤ 魯로

정의 　노魯는 지금의 연주兗州 곡부현曲阜縣이다.

【正義】　魯今兗州曲阜縣

⑥ 汝南여남

정의 　여남은 지금의 예주豫州이다.

【正義】　汝南國今豫州

⑦ 江都王강도왕

정의 　강도국江都國은 지금의 양주揚州이다. 오왕비吳王濞가 도읍한
곳인데 반역해서 처형당했으며 경제가 강도국江都國으로 고치고 황자皇
子 비非를 봉했다.

【正義】　江都國今揚州也 吳王濞所都 反 誅 景帝改爲江都國 封皇子非也

신주 　비非는 효경제의 후궁 정희程姬의 아들이다.

⑧ 齊王將閭제왕장려

색은 도혜왕의 손자로서 제왕齊王 양襄의 아들이다. 여廬는《한서》
에는 '여閭' 자로 되어 있다.
【索隱】 悼惠王之孫 齊王襄之子 廬 漢書作 閭

정의 제국齊國은 청주青州 임치臨菑이다. 장려將廬는 제도혜왕의 손
자로서 양왕襄王의 아들이라고 〈연표年表〉는 말했다.
【正義】 齊國 青州臨淄也 將廬 齊悼惠王之孫 襄王之子 年表云

⑨ 燕王嘉연왕가

색은 유택劉澤의 아들이다.
【索隱】 劉澤之子

⑩ 皆薨개홍

집해 서광은 "표表에는 5년에 홍薨했다."라고 했다.
【集解】 徐廣曰 表云 五年薨

태자를 바꾸다

4년 여름에 태자를 세웠다. 황자 철徹을 교동왕膠東王으로 삼았
다. 6월 갑술일에 천하에 사면령을 내렸다. 윤달인 9월에 역양易
陽을 다시 양릉陽陵으로^① 바꾸고 다시 나루터에 관문을 설치하
여 출입할 때 통행증[傳]을 사용하여^② 출입하도록 했다. 겨울에
조국趙國을 한단군邯鄲郡으로^③ 삼았다.

四年夏 立太子 立皇子徹爲膠東王 六月甲戌 赦天下 後九月 更以
(弋)[易]陽爲陽陵^① 復置津關 用傳^②出入 冬 以趙國爲邯鄲郡^③

① 陽陵양릉

정의 《괄지지》에는 "한경제漢景帝의 능으로서 옹주 함양현 동쪽 30
리에 있다."고 했다. 상고해보니 미리 수릉壽陵을 만들었다고 했다.

【正義】 括地志云 漢景帝陵也 在雍州咸陽縣東三十里 按 豫作壽陵也

[색은] 경제가 미리 수릉壽陵을 만들었다. 상고해보니 〈조세가〉에 "조숙후趙肅侯 15년에 수릉을 일으켰는데 드디어 후대가 따랐다."고 했다.

【索隱】 景帝豫作壽陵也 按 趙系家趙肅侯十五年起壽陵 後代遂因之也

[신주] 양릉은 지금의 섬서성陝西省 함양시咸陽市 위성구渭城區 정양진正陽鎮 장가만張家灣에 위치하고 있다. 한경제가 살아 있을 때 능을 조성했기 때문에 수릉壽陵이라고 한 것이다.

② 用傳용전

[집해] 응소는 "문제 12년에 관關을 없애고 출입증[傳]을 사용하지 않았는데, 이때에 이르러 다시 전傳을 설치해서 일곱 나라가 새로 반란을 일으킬 비상시에 대비케 했다."라고 했다. 장안張晏은 "전傳은 신신으로서 오늘날 지나갈 때 사용하는 것과 같다."라고 했다. 여순은 "전傳은 격전檄傳이라 하고 읽을 때의 '전傳'인데, 비단 양쪽에 행서行書로 글씨를 써서는 그 한쪽을 나누어 가지고 관문을 출입하는데 합쳐서 맞으면 지나갈 수 있어서 전傳이라고 일렀다."고 했다.

【集解】 應劭曰 文帝十二年 除關 無用傳 至此復置傳 以七國新反 備非常也 張晏曰 傳 信也 若今過所也 如淳曰 傳音檄傳之傳 兩行書繒帛 分持其一 出入關 合之乃得過 謂之傳

색은 전傳의 발음은 '전[丁戀反]'이다. 오늘날 지나갈 때 사용하는 것과 같은 것이다.

【索隱】 傳音丁戀反 如今之過所

③ 邯鄲郡한단군

집해 〈지리지〉에 조국趙國은 경제景帝가 한단군邯鄲郡으로 삼았다고 했다.

【集解】 地理志趙國景帝以爲邯鄲郡

5년 3월, 양릉陽陵에 위교渭橋를 만들었다. 5월, 백성들을 모집해 양릉으로 옮기게 하고 20만 전을 하사했다. 강도江都에 서쪽으로부터 대폭풍이 불어와서 성벽을 12장丈 무너뜨렸다.[1] 정묘일에 장공주長公主의[2] 아들 진교陳蟜를 융려후隆慮侯로[3] 봉했다. 광천왕廣川王을 옮겨 조왕趙王으로 삼았다.

五年三月 作陽陵 渭橋 五月 募徙陽陵 予錢二十萬 江都大暴風從西方來[1] 壞城十二丈 丁卯 封長公主[2]子蟜爲隆慮侯[3] 徙廣川王爲趙王

---

① 江都大暴風從西方來강도대폭풍종서방래

신주 효경제의 아들 유비劉非가 서기전 155년 여남왕汝南王으로 있을 때, 서기전 154년 7국의 난 이 일어나자 오나라를 칠 것을 자청하고 장군이 되어 오나라를 격파했다. 그 후 옮겨 강도왕江都王이 되었다. 서기전 152년에 천재天災가 있었다. 강도는 지금의 강소성江蘇省 양주시揚州市 하할구下轄區이다.

② 長公主장공주

신주 효경제의 누이를 가리킨다.

③ 隆慮侯융려후

정의 '임려林閭'로 발음한다. 상제殤帝의 휘諱를 피해서 고쳤다.
【索隱】 音林閭 避殤帝諱改之

신주 한漢 상제殤帝(재위 서기 105년~106년)의 휘가 유륭劉隆이다. 한 상제는 만 한 살 때인 서기 106년 9월 등鄧황후에 의해 즉위해서 같은 해 9월 사망했다. 중국 역사상 가장 어린 나이에 황제로 즉위했다가 8개월 만에 죽었다. 훗날 상제의 휘를 피해서 이름을 바꾸었다는 뜻이다.

6년 봄, 중위中尉인 위관衛綰을 건릉후建陵侯로[1] 삼고, 상노江都 의 승상 정가程嘉를[2] 건평후建平侯로 삼고, 농서隴西 태수 혼야 渾邪를 평곡후平曲侯로[3] 삼고, 조승상趙丞相 소가蕭嘉를[4] 강릉 후江陵侯로 삼고, 예전의 장군 난포欒布를 유후鄃侯로 삼았다. 양나라와 초나라의 두 왕이 모두 죽었다. 윤달 9월에 치도馳道 의 나무를 베어서 난지蘭池를 메웠다.[5]

六年春 封中尉(趙)綰爲建陵侯[1] 江都丞相嘉[2]爲建平侯 隴西太守渾 邪爲平曲侯[3] 趙丞相嘉[4]爲江陵侯 故將軍布爲鄃侯 梁楚二王皆薨 後九月 伐馳道樹 殖蘭池[5]

① 建陵侯건릉후

[정의] 《괄지지》에는 "건릉建陵 옛 현은 기주沂州 승현承縣 경계에 있 다."고 했다.

【正義】 括地志云 建陵故縣在沂州承縣界

② 嘉가

[집해] 서광은 "성은 정程이다."라고 했다.

【集解】 徐廣曰 姓程

③ 平曲侯평곡후

정의　《괄지지》에는 "평곡현平曲縣 고성은 영주瀛州 문안현文安縣 북
쪽 70리에 있다."고 했다.
【正義】　括地志云 平曲縣故城在瀛州文安縣北七十里

④ 嘉가

집해　서광은 "성은 소蘇이다."라고 했다.
【集解】　徐廣曰 姓蘇

⑤ 殖蘭池식란지

집해　서광은 "식殖은 다른 판본에는 전塡으로 되어 있다."고 했다.
【集解】　徐廣曰 殖 一作塡

정의　상고해보니 치도馳道는 천자의 길로서 진시황이 만들었는데 넓
이가 3장三丈이고 나무를 심었다고 했다.
【正義】　按 馳道 天子道 秦始皇作之 三丈而樹

7년 겨울, 율태자栗太子를① 폐해서 임강왕臨江王으로② 삼았다.
11월 그믐날에 일식이 있었다. 봄에 죄수와 종들을 사면시켜서
양릉을 건설하게 했다. 승상 청靑이 면직되었다. 2월 을사乙巳일
에 태위 조후條侯③ 주아부周亞夫가 승상이 되었다. 4월 을사일
에 교동왕膠東王의 태후를 세워 황후皇后로 삼았다.④ 정사일에
교동왕을 세워 태자로 삼았다. 이름은 철徹이다.

七年冬 廢栗太子①爲臨江②王 十一月晦 日有食之 春 免徒隷作陽陵
者 丞相青免 二月乙巳 以太尉條侯③周亞夫爲丞相 四月乙巳 立膠
東王太后爲皇后④ 丁巳 立膠東王爲太子 名徹

① 栗太子율태자

신주　효경제의 후궁 율희栗姬의 큰 아들 유영劉榮을 가리킨다. 효경
제 4년에 태자가 되었다가 폐태자廢太子되어 임강왕臨江王에 봉해졌다.
시호는 민閔으로 왕이 죽은 후 후사가 없어 나라가 없어지고 그 땅을
남군南郡이라 하였다.

② 臨江임강

정의　임강臨江은 충주현忠州縣이다. 비록 임강臨江의 왕이었으나 도
읍은 강릉江陵이었다.

【正義】 臨江 忠州縣 雖王臨江而都江陵

③ 條侯조후

정의 條는 발음이 '조[田彫反]'이다. 그 글자는 또한 조篠라고도 했는데, 발음은 같다.

【正義】 條 田彫反 字亦作篠 音同

④ 膠東王太后爲皇后교동왕태후위황후

색은 〈외척세가〉를 상고해보니 태후太后는 괴리槐里 사람이고 아버지는 왕중王仲이다. 태후의 오라비는 왕신信인데 개후蓋侯에 봉해졌다. 태후는 지난날 김씨金氏의 처妻였고 여동생이 구아姁兒이다.

【索隱】 按系家 太后槐里人 父仲 兄信 封蓋侯 后故金氏妻女弟姁兒也

신주 황후皇后(서기전 174년~125년)의 성은 왕씨王氏이고 이름은 지妵인데, 지아妵兒라고도 한다. 왕중王仲의 딸로서 부풍현扶豐縣 괴리槐里 사람이다. 모친 장아臧兒는 연왕燕王 장도臧荼의 딸이다. 장아는 왕중과 혼인해서 장남 왕신과 장녀 왕지, 막내 구아姁兒를 낳았는데, 왕중이 죽은 후 장릉長陵의 전씨田氏에게 개가해서 전분田蚡과 전승田勝 두 아들을 낳았다.

제2장

흉노와 싸우다

자주 일식이 있었다

중원 원년, 예전의 어사대부 주가周苛의[①] 손자 주평周平을[②] 세
워 승후繩侯로 삼고, 예전의 어사대부 주창周昌의 손자 주좌거周
左車를 안양후安陽侯로 삼았다. 4월 을사일에 천하에 사면령을
내리고 백성들에게 작위 1급을 내렸다. 금고형禁錮刑을[③] 없앴다.
지진이 있었다. 형산衡山과 원도原都에 우박이 내렸는데 우박이
큰 것들은 한 자 여덟 치나 되었다.

中元年 封故御史大夫周苛[①]孫平[②]爲繩侯 故御史大夫周昌(子)[孫]
左車爲安陽侯 四月乙巳 赦天下 賜爵一級 除禁錮[③] 地動 衡山 原都
雨雹 大者尺八寸

① 周苛주가

| 색은 | 주창周昌의 형兄이다.

【索隱】 周昌之兄

② 平평

| 집해 | 서광은 "한 곳에는 '응應' 자로 되어 있다."고 했다.

【集解】 徐廣曰 一作應

③ 禁錮금고

| 신주 | 고대 중국의 일종의 형벌로 금고에 죄인을 가두는 것을 말한다. 금고를 받은 사람은 종신토록 벼슬을 금했는데, 이를 일찍이 《좌전》에 기록했다. 진나라 때는 이 호칭을 '적문籍門'이라고 했다.

중원 2년 2월, 흉노가 연나라로 쳐들어 와 결국 화친하지 않았다. 3월에 임강왕臨江王을 불러들였는데 곧 중위中尉의 부중府中에서 죽었다. 여름에 황자 월越을① 세워 광천왕으로 삼고, 황자 기寄를② 교동왕으로 삼았다. 4명을 제후에 봉했다.③ 9월 갑술일에 일식이 있었다.

中二年二月 匈奴入燕 遂不和親 三月 召臨江王來 卽死中尉府中 夏立皇子越①爲廣川王 子寄②爲膠東王 封四侯③ 九月甲戌 日食

① 越월

신주　효경제의 11번째 아들이다. 어머니는 왕부인王夫人이다.

② 寄기

신주　효경제의 12번째 아들이다. 어머니는 왕부인이다.

③ 封四侯봉사후

집해　문영은 "초楚의 재상 장상張尙, 태부太傅 조이오趙夷吾, 조趙의 재상 건덕建德, 내사內史 왕한王悍이다. 이 네 명은 각자 자신들의 왕에게 간해서 반역을 하지 말라고 간했으나 왕은 듣지 않고 모두 죽였다. 그래서 그의 아들들을 봉한 것이다."라고 했다.

【集解】 文穎曰 楚相張尙 太傅趙夷吾 趙相建德 內史王悍 此四人各諫其王 無使反 不聽 皆殺之 故封其子

색은　위소는 "장상의 아들은 당거當居이고 조이오의 아들은 주周이고 건덕의 아들은 횡橫이고 왕한의 아들은 기棄이다."라고 했다.

【索隱】 韋昭云 張尙子當居 趙夷吾子周 建德子橫 王悍子棄也

중원 3년 겨울 제후국의 어사중승御史中丞을① 폐지했다. 봄에
흉노왕 2명이 그의 무리들을 거느리고 와서 항복하자 모두 열후
로 봉했다.② 황자 방승方乘을③ 세워 청하왕淸河王으로 삼았다. 3
월에 혜성이 서북쪽에서 나타났다. 승상 주아부가 면직되었고
어사대부 도후桃侯 유사劉舍가④ 승상이 되었다. 4월에 지진이
발생했다. 9월 무술일 그믐날에 일식이 있었다. 동도문東都門⑤
밖에 군사를 주둔시켰다.

中三年冬 罷諸侯御史中丞① 春 匈奴王二人率其徒來降 皆封爲列侯②
立皇子方乘③爲淸河王 三月 彗星出西北 丞相周亞夫(死)[免] 以御史
大夫桃侯劉舍⑦爲丞相 四月 地動 九月戊戌晦 日食 軍東都門⑤外

① 御史中丞어사중승

신주 어사대부는 승상 다음의 직위이다. 승상, 태위와 더불어 삼공
三公이라고 칭했다. 어사대부는 어사중승과 어사승御史丞을 두고 있었
는데, 어사승은 궁중 밖에 있었고, 어사중승은 궁중 안에 있으면서 시
어사侍御史를 관장하고, 문서심사 및 궁중 내 일어나는 불법적인 사항
을 고발하는 일을 담당했다.

② 皆封爲列侯개봉위열후

정의 《한서》의 표表에는 경제景帝 중원中元 3년(서기전 147년)에 안릉후安陵侯 자군子軍, 환후桓侯 사賜, 주후遒侯 육강陸彊, 용성후容城侯 서노徐盧, 이후易侯 복달僕黵, 범양후范陽侯 대代, 흡후翕侯 한단邯鄲 7인이 흉노왕匈奴王으로서 항복하여 모두 열후로 봉했다고 한다. 상고해보니 본기에 '흉노왕 둘이 항복했다[匈奴王二人率其徒來降]'고 말한 것은 흉노의 두 왕이 먼저 항복했기 때문이다.

【正義】 漢書表云 中三年 安陵侯子軍 桓侯賜 遒侯陸彊 容城侯徐盧 易侯 僕黵 范陽侯代 翕侯邯鄲七人 以匈奴王降 皆封爲列侯 按 紀言二人者是匈 奴二王爲首降

③ 方乘방승

신주 효경제의 13번째 아들이다. 어머니는 왕부인王夫人이다.《한서》 등 기타 서적에는 '방方' 자가 없다. '방方' 자는 연문衍文이다.

④ 劉舍유사

신주 유사(?~서기전 140년)는 도애후桃哀侯이다. 본래 항우의 친척으로 항우가 패망 후 그의 종친 모두를 사면하였다. 그의 아버지 항양項襄이 공을 세워 도후桃侯에 봉해졌고 유씨 성을 하사받았다. 유양劉襄 사후 그 자리를 물려받았다. 효경제 5년에 태복太僕, 7년에 어사대부御史大夫가 되었으며 주아부周亞夫가 파직되자 승상이 되었다가 건원建元 원년에 병사했는데, 시호諡號는 애후哀侯이다.

⑤ 東都門동도문

집해 상고해보니 《삼보황도三輔黃圖》에 "동쪽으로 나가 북쪽 끝의
제1문을 선평문宣平門, 그 바깥을 동도문東都門이라고 한다."고 했다.
【集解】 按 三輔黃圖東出北頭第一門曰宣平門 外曰東都門

색은 상고해보니 《삼보황도》에는 "동쪽에서 나가는 북쪽의 제1문은
선평문宣平門이고 그 바깥은 동도문東都門이라."고 했다.
【索隱】 按 三輔黃圖云 東出北第一門曰宣平門 外曰東都門

중원 4년 3월, 덕양궁을① 설치했다. 크게 누리 떼가 발생했다.
가을에 양릉을② 지은 죄수들을 사면했다.
中四年三月 置德陽宮① 大蝗 秋 赦徒作陽陵②者

① 德陽宮덕양궁

집해 신찬은 "이는 경제景帝의 묘廟이다. 경제가 스스로 지었는데,
꺼려서 묘廟라고 말하지 않고 궁宮이라고 한 것이다. 《서경고사西京故
事》에도 경제묘景帝廟가 덕양궁德陽宮이 되었다."고 했다.
【集解】 瓚曰 是景帝廟也 帝自作之 諱不言廟 故言宮 西京故事云景帝廟
爲德陽宮

② 陽陵양릉

신주 효경제의 무덤을 말한다. 효경제가 살아 있었기 때문에 덕양궁
德陽宮이라 했다.

> 중원 5년 여름, 황자 순舜을^① 세워 상산왕常山王으로 삼았다.
> 10명의 열후를 봉했다.^② 6월 정사일에 천하에 사면령을 내리고
> 작위를 한 등급씩 내렸다. 천하에 큰비가 내렸다. 제후국의 승상
> 을 다시 '상相'이라고 명했다. 가을에 지진이 발생했다.
>
> 中五年夏 立皇子舜^①爲常山王 封十侯^② 六月丁巳 赦天下 賜爵一級
> 天下大潦 更命諸侯丞相曰相 秋 地動

① 舜순

신주 효경제의 막내아들이다. 어머니는 왕부인王夫人이다.

② 封十侯봉십후

정의 혜제惠帝와 경제景帝 사이의 연표年表에는 아곡후亞曲侯 여타지
慮他之, 융려후隆慮侯 진교陳蛟, 승씨후乘氏侯 유매劉買, 환읍후桓邑侯 유
명劉明, 개후蓋侯 왕신王信이라고 말했다. 상고해보니 이 5명이 경제의

중원 5년에 봉해지고 나머지는 조사했지만 알 수 없었다. 중원中元 3년에 흉노왕 2명이 항복해서 이들을 봉해 열후列侯로 삼았다. 〈혜경간표惠景閒表〉에는 흉노왕으로서 항복해서 후侯가 된 자가 7명이라고 했는데 의심컨대 그 5명이 십후十侯의 수數일 것이다.

【正義】 惠景閒年表云亞谷侯盧他之 隆盧侯陳蟜 乘氏侯劉買 桓邑侯劉明 蓋侯王信 按 其五人是中元五年封 餘檢不獲 中元三年 匈奴王二人降 封爲列侯 惠景閒表云 匈奴王降爲侯者有七人 疑其五人是十侯之數

신주 《사기》와 《한서》에는 "모두 오후五侯를 삼은 것으로 싣고 있는 바 '十'은 곧 '五'를 잘못 기록한 것이라."고 했다.

중원 6년 2월 기묘일에 옹雍으로 주상이 행차해서 오제五帝에게① 교제郊祭를 지냈다. 3월에 우박이 내렸다. 4월에 양효왕과② 성양공왕과③ 여남왕이 모두 죽었다. 양효왕의 아들 명明을 세워서 제천왕으로④ 삼고 아들 팽리彭離를 제동왕으로⑤ 삼고 아들 정定을 산양왕으로⑥ 삼고 아들 불식不識을 제음왕으로⑦ 삼았다. 양梁나라를 나누어 5개국으로 만들었다. 4명의 열후도 봉했다.

中六年二月己卯 行幸雍 郊見五帝① 三月 雨雹 四月 梁孝王② 城陽共王③ 汝南王皆薨 立梁孝王子明爲濟川王④ 子彭離爲濟東王⑤ 子定爲山陽王⑥ 子不識爲濟陰王⑦ 梁分爲五 封四侯

① 五帝오제

신주   오제는 황제黃帝, 전욱顓頊, 곡곡嚳, 요堯, 순舜을 말한다.《尙書
상서》에는 황제 대신 소호少昊를 오제로 삼았다.《전국책戰國策》은 전욱
顓頊, 곡곡嚳 대신 포의庖犧(복희[伏義]), 신농神農을 꼽았다.

② 梁孝王양효왕

정의   수양睢陽에 도읍했는데 지금의 송주宋州이다.
【正義】 都睢陽 今宋州

신주   양효왕 유무劉武는 효경제의 바로 아래 아우이다.

③ 城陽共王성양공왕

정의   성양城陽은 지금의 복주濮州 뇌택현雷澤縣인데 옛 성양城陽이
다. 共의 음은 공恭이다. 시호법에는 "엄숙히 옛 일을 공경하는 것[엄경
고사嚴敬故事]을 공恭이라고 한다."라고 했다.
【正義】 城陽 今濮州雷澤縣 古城陽也 共音恭 謚法嚴敬故事曰恭

신주   성양경왕城陽景王 유장劉章의 아들 유희劉喜이다.

④ 濟川王제천왕

정의 표表에는 "양梁을 갈라서 설치했다."고 했다.
【正義】 表云 分梁置也

⑤ 濟東王제동왕

정의 표表에는 "양梁을 갈라서 설치했다."고 했다.
【正義】 表云 分梁置也

⑥ 山陽王산양왕

정의 〈지리지〉에는 "경제景帝 중원 6년에 별도로 산양국山陽國을 만
들어 연주兗州에 소속시켰다."고 했다.
【正義】 地理志云 景帝中六年別爲山陽國 屬兗州

⑦ 濟陰王제음왕

정의 〈지리지〉에는 "경제景帝 중원 6년에 별도로 제음국濟陰國을 만
들어 연주兗州에 소속했다."고 했다. 상고해보니 지금의 조주曹州가 이
곳이다.
【正義】 地理志云 景帝中六年別爲濟陰國 屬兗州 按今曹州是也

다시 정위廷尉를 명해 대리大理로 삼고, 장작소부將作少府를 장작대장將作大匠으로 삼고, 주작중위主爵中尉를[1] 도위都尉로 삼고, 장신첨사長信詹事를[2] 장신소부長信少府로[3] 삼고, 장행將行을 대장추大長秋로 삼고,[4] 대행大行을 행인行人으로 삼고,[5] 봉상奉常을 태상太常으로 삼고,[6] 전객典客을 대행大行으로 삼고,[7] 치속내사治粟內史를[8] 대농大農으로 삼았다. 대내大內를[9] 2,000석二千石으로 하고[10] 좌내관左內官과 우내관右內官을 설치해 대내大內에 소속시켰다.[11] 7월 신해일에 일식이 있었다. 8월에 흉노가 상군上郡으로 쳐들어왔다.

更命廷尉爲大理 將作少府爲將作大匠 主爵中尉[1]爲都尉 長信詹事[2]爲長信少府[3] 將行爲大長秋[4] 大行爲行人[5] 奉常爲太常[6] 典客爲大行[7] 治粟內史[8]爲大農 以大內[9]爲二千石[10] 置左右內官 屬大內[11] 七月辛亥 日食 八月 匈奴入上郡

① 主爵中尉주작중위

집해 《한서》〈백관표〉에는 "주작중위主爵中尉는 진秦나라 관직이고 열후列侯를 관장한다."고 했다.
【集解】 漢書百官表曰 主爵中尉 秦官 掌列侯

② 長信詹事장신첨사

집해 《한서》〈백관표〉에는 "첨사詹事는 진나라 관직이었는데 황후
皇后와 태자가太子家를 관장한다."고 했다. 응소는 "첨詹은 살피다, 넉넉
하게 하다는 뜻이다."라고 했다. 신찬은 "《무릉서武陵書》에 첨사詹事는
2,000석의 녹봉이라고 되어 있다."라고 했다.

【集解】 漢書百官表曰 詹事 秦官 掌皇后太子家 應劭曰 詹 省也 給也 瓚曰
茂陵書詹事秩二千石

③ 長信少府장신소부

집해 장안은 "태후가 궁에 거처하는 곳의 궁을 이름했는데 장신궁
을 곧 장신소부長信少府라고 부르고 장락궁長樂宮을 장락소부長樂少府
라고 불렀다."고 했다.

【集解】 張晏曰 以太后所居宮爲名 長信宮則曰長信少府 長樂宮則曰長樂
少府

④ 將行爲大長秋장행위대장추

집해 《한서》〈백관표〉에는 "장행將行은 진나라 관직이다."라고 했다.
응소는 "장추長秋는 황후경皇后卿이다."라고 했다.

【集解】 漢書百官表曰 將行 秦官 應劭曰 長秋 皇后卿

⑤ 大行爲行人대행위행인

집해 　복건은 "천자가 세상을 떠나 시호를 받기 전까지를 대행大行이라고 칭한다."라고 했다. 진작晉灼은 "예禮에는 대행大行과 소행小行이 있어서 시호와 관직을 주관한다. 그래서 이런 이름으로 삼았다."고 했다. 여순은 "(시호)의 사辭는 반복하지 않는다[不反之辭]"라고 했다. 신찬은 "대행大行은 관직의 이름으로서 구의九儀의 제도를 관장해서 제후들을 인도하는 것이다."라고 했다.

【集解】　服虔曰 天子死未有謚 稱大行 晉灼曰 禮有大行 小行 主謚官 故以此名之 如淳曰 不反之辭也 瓚曰 大行是官名 掌九儀之制 以賓諸侯

색은 　상고해보니 정현은 "명자命者가 다섯인데 공公 후侯 백伯 자子 남男의 작위를 이르는 것이고 작爵은 넷으로 고孤 경卿 대부大夫 사士인데 이것으로 아홉이다."라고 했다.

【索隱】　按 鄭玄曰 命者五 謂公 侯 伯 子 男 爵者四 孤 卿 大夫 士 是九也

⑥ 奉常爲太常봉상위태상

집해 　《한서》〈백관표〉에 "봉상奉常은 진秦나라 관직으로서 종묘의 례宗廟儀禮를 관장한다."고 했다.

【集解】　漢書百官表曰 奉常 秦官 掌宗廟禮儀

⑦ 典客爲大行전객위대행

색은 　위소는 "대행大行은 관명官名이고 진秦나라 때에는 전객典客이라고 일렀다가 경제景帝 초에는 대행大行이라고 고쳤는데 뒤에 다시 이름을 고쳐 대홍려大鴻臚라고 했다. 무제武帝는 이를 따르고 고치지 않았기 때문에 《한서》의 〈경제기〉에 "대홍려가 있다."고 했고, 〈백관표〉에 또 이르기를 "무제가 대홍려라고 이름을 고쳤다."고 했다. 홍鴻은 성聲이다. 여臚는 부피附皮(살갗)이다. 그 사방 이민족인 빈객賓客을 관장하는 것이 피부의 살이 몸 밖에 붙어 있는 것과 같다고 말한 것이다. 다시 대행령大行令을 두었다. 그래서 제후가 홍薨(제후의 사망)하면 대홍려가 시호를 아뢴다. 열후들이 홍薨하면 대행이 뢰誅(애도문)를 아뢴다."고 했다. 상고해보니 대행령大行令은 곧 대홍려의 소속된 관직이다.

【索隱】 韋昭云 大行 官名 秦時云典客 景帝初改云 大行 後更名大鴻臚 武帝因而不改 故漢書景紀有大鴻臚 百官表又云 武帝改名大鴻臚 鴻 聲也 臚 附皮 以言其掌四夷賓客 若皮臚之在外附於身也 復有大行令 故諸侯薨 大鴻臚奏諡 列侯薨 則大行奏誅 按 此大行令即鴻臚之屬官也

⑧ 治粟內史치속내사

집해 《한서》〈백관표〉에는 "치속내사治粟內史는 진관秦官으로서 곡식과 재물을 관장한다."고 했다.

【集解】 漢書百官表曰 治粟內史 秦官 掌穀貨也

⑨ 大內대내

집해 위소는 "대내大內는 경사京師의 부장府藏이다."라고 했다.

【集解】 韋昭曰 大內 京師府藏

도읍(서울)의 창고를 관장하는 직책이다.

⑩ 以大內爲二千石이대내위이천석

한나라는 녹봉을 쌀의 양으로 고위高位와 저위低位를 정해 나타냈다. 당시 중앙의 구경과 지방의 태수, 도위가 2,000석이었다. 이로써 대략 그의 위치를 짐작할 수 있다.

⑪ 左右內官屬大內좌우내관속대내

색은 천자의 사재물私財物을 주관하는 것을 소내小內라고 한다. 소내小內는 대내大內에 속했다.
【索隱】 主天子之私財物曰少內 少內屬大內也

효경제가 사망하다

후원後元 원년 겨울에 다시 명을 내려 중대부령中大夫令을 위위衛尉로① 삼았다. 3월 정유丁酉일에 천하에 사면령을 내렸다. 백성들에게 작위를 한 등급씩 내렸다. 중이천석中二千石과② 제후국의 재상宰相에게 우서장右庶長의③ 작위를 내렸다. 4월에 큰 주연을 베풀었다. 5월 병술丙戌일에④ 지진이 있었고, 그날 아침 식사 때에 다시 지진이 발생했다. 상용上庸 땅에⑤ 지진이 22일간 발생하여 성벽이 무너졌다. 7월 을사乙巳일에 일식이 있었다. 승상 유사劉舍가 면직되었다. 8월 임진壬辰일에 어사대부 위관衛綰을⑥ 승상으로 삼고 건릉후建陵侯에 봉했다.

後元年冬 更命中大夫令爲衛尉① 三月丁酉 赦天下 賜爵一級 中二千石② 諸侯相爵右庶長③ 四月 大酺 五月丙④戌 地動 其蚤食時復動 上庸⑤地動二十二日 壞城垣 七月乙巳 日食 丞相劉舍免 八月壬辰 以御史大夫綰⑥爲丞相 封建陵侯

① 衛尉위위

정의 《한서》〈백관표〉에 "위위衛尉는 진秦나라 관직으로서 궁문의
위병 주둔을 관장한다. 경제 초에 명命을 고쳐 중대부령中大夫令으로 하
고 후원년에 다시 위위로 했다."고 했다.

【正義】 漢書百官表云 衛尉 秦官 掌宮闈門衛屯兵 景帝初 更命中大夫令
後元年 復爲衛尉

② 二千石이천석

신주 진·한秦漢 시기 1급 지방관의 신봉薪俸(땔감과 식량)이 이천석
二千石인 것을 뜻한다. 안사고顔師古의 《한서》 주석에 따르면 비이천석
比二千石(1,200석 좌우), 이천석二千石(1,440석 좌우)과 중이천석中二千石
(2,000석 이상~최대 2,160석) 등으로 나뉜다.

③ 右庶長우서장

신주 진나라와 한나라 때에 시행된 이십등작二十等爵 가운데 하나.
11등급에 해당하는 작위이다.

④ 丙병

집해 서광은 "병丙은 한 곳에는 '갑甲' 자로 되어 있다."고 했다.

【集解】 徐廣曰 丙 一作甲

⑤ 上庸상용

지금의 호복성湖北省 죽산현竹山縣 서남쪽에 있다.

⑥ 縮관

성姓은 위衞이다.
【索隱】 姓衞也

후원後元 2년 정월에 하루 동안 세 번의 지진이 발생했다. 질도郅都①장군이 흉노를 격파했다. 5일 동안 잔치를 베풀었다. 내사內史에게 명령해 군郡에서는 말에게 곡식을 먹이지 못하도록 하고 어기면 관청에서 말을 몰수할 것이라고 했다. 죄수나 노예에게도 칠종포七緵布의② 옷을 입도록 했다. 말로 방아 찧는 것을 금지했으며③ 그 해 흉년이 들어 천하의 식량이 한 해를 넘기지 못하고 소비되는 것을 억제했다. 열후들의 수를 감해서 봉국으로 가게 했다.④ 3월에 흉노들이 안문鴈門으로⑤ 쳐들어왔다. 10월에 장릉의 경전에 조세를 거두었다. 큰 가뭄이 들었다. 형산국衡山國, 하동군과 운중군雲中郡의⑥ 백성에게 역질이 돌았다.

後二年正月 地一日三動 郅①將軍擊匈奴 酺五日 令內史郡不得食馬粟 沒入縣官 令徒隸衣七緵布② 止馬舂③ 爲歲不登 禁天下食不造歲 省列侯遣之國④ 三月 匈奴入雁門⑤ 十月 租長陵田 大旱 衡山國 河東 雲中郡⑥民疫

① 郅질

정의 　郅은 '졀[真栗反]'로 발음한다. 《질도전郅都傳》에는 흉노가 나무로 질도의 형상을 조각해서 쏘게 했는데 적중하지 못했다고 했다.

【正義】 郅 真栗反 郅都傳云 匈奴刻木爲郅都而射 不中

② 七緵布칠종포

색은 　칠종七緵은 대개 지금의 칠승포七升布인데, 거칠다고 말한 것으로 보아 그것을 입게 한 것이다.

【索隱】 七緵 蓋今七升布 言其粗 故令衣之也

정의 　의衣는 '이[於既反]'로, 緵은 '종[祖工反]'을 발음한다. 종緵은 80올이다. 베와 서로 비슷하다. 곧 칠승포七升布는 560올을 사용한다.

【正義】 衣 於既反 緵祖工反 緵 八十縷也 與布相似 七升布用五百六十縷

③ 止馬舂지마용

색은 　사람이 말을 사용해 방아 찧는 일을 중지시킨 것은 한 해가 풍년이 들지 않았기 때문이다.

【索隱】 止人爲馬舂粟 爲歲不登故也

신주 　흉년으로 인하여 백성들은 곡식이 다 익기 전에 수확하여 먹는 일이 많았다. 이를 금지한다는 의미이다.

④ 列侯遣之國열후견지국

[집해] 진작은 "〈문제기〉에는 '열후지국列侯之國에 파견했다'고 되어
있는데, 지금 또 이를 생략하였다."라고 했다.
【集解】 晉灼曰 文紀遣列侯之國 今又省之

⑤ 鴈門안문

[신주] 지금의 산서성 대현에 위치하고 있는데, "천하의 구새九塞 중
안문이 으뜸이라."고 할 만큼 험준한 지형에 의지한 웅장한 관문이다.

⑥ 衡山國河東雲中郡형산국하동운중군

[정의] 형산국은 지금의 형주衡州이다. 하동河東은 지금의 포주蒲州이
다. 운중군은 지금의 승주勝州이다.
【正義】 衡山國 今衡州 河東 今蒲州 雲中郡 今勝州

후원 3년 10월, 해와 달이 5일 동안 모두 적색赤色을 띠었다. 12
월 그믐날 우레가 치고^① 태양 빛이 보라색 같았다. 오성五星이^②
역행逆行해 태미원太微垣에 머물렀다. 달이 천정天廷의^③ 중앙을
관통했다. 정월 갑인甲寅일에 황태자가 관례를 올렸다. 갑자甲子
일에 효경황제孝景皇帝가 붕어했다.^④

後三年十月 日月皆(食)赤五日 十二月晦 雷^① 日如紫 五星^②逆行守
太微 月貫天廷^③中 正月甲寅 皇太子冠 甲子 孝景皇帝崩^④

① 雷뢰

집해 서광은 "한 곳에는 '뇌雷'로 되어 있고 또 '도圖'로도 되어 있는
데 실로 자세하지 못하다."고 했다.

【集解】 徐廣曰 一作雷字 又作圖字 實所未詳

② 五星오성

신주 금성金星, 목성木星, 수성水星, 화성火星, 토성土星를 가리킨다.

③ 天廷천정

색은 천정天廷은 곧 용성龍星의 우각右角이다. 상고해보니 《석씨성전

石氏星傳》에는 "용龍은 좌각左角에는 천전天田이 있고 우각右角에는 천정天廷이 있다."고 했다.

【索隱】 天廷即龍星右角也 按 石氏星傳曰龍在左角曰天田 右角曰天廷

④ 孝景皇帝崩효경황제붕

집해 황보밀은 "경제景帝는 효혜제孝惠帝 7년에 태어났으며 48세였다."고 했다.

【集解】 皇甫謐曰 帝以孝惠七年生 年四十八

신주 효경제 유계劉啓(서기전 188년~서기전 141년)는 한漢나라 6대 황제이다. 효문제의 장자로 태어나 만 31세 때인 서기전 157년 7월 즉위해 16년을 즉위하고 서기전 141년 3월 세상을 떠났다. 양릉陽陵(섬서성 고릉高陵현 서남쪽)에 장사 지냈다.

유조遺詔에 따라서 제후왕에서 아래로 일반 백성에 이르기까지 부친의 뒤를 계승하는 자에게는 작위를 한 등급씩 하사하고 천하의 집집마다 100전을 내렸다. 궁인[궁녀]들을 자신들의 집으로 돌아가게 하고 다시는 간섭하는 일이 없었다. 태자가 즉위하니 이 분이 효무황제孝武皇帝이다.① 3월에 황태후의 아우인 전분田蚡을② 봉해 무안후武安侯로 삼았고, 아우인 전승田勝을 봉해 주양후周陽侯로 삼았다. 양릉陽陵을 조성했다.

遺詔賜諸侯王以下至民爲父後爵一級 天下戶百錢 出宮人歸其家 復無所與 太子卽位 是爲孝武皇帝① 三月 封皇太后弟蚡②爲武安侯 弟勝爲周陽侯 置陽陵

① 孝武皇帝효무황제

집해 《한서》에 "2월 계유癸酉에 경제를 양릉陽陵에 장사지냈다."고 했다. 황보밀은 "양릉陽陵의 봉분은 사방 120보이고 높이는 14장丈이며 장안과의 거리는 45보이다."라고 했다.

【集解】 漢書云 二月癸酉 帝葬陽陵 皇甫謐曰 陽陵山方百二十步 高十四丈 去長安四十五里

② 蚡분

소림은 "분鼢으로 발음한다."고 했다.

【集解】 蘇林曰 蚠音鼢

蚠은 '분[扶粉反]'으로 발음한다. 상고해보니 〈외척세가〉에 황태후의 어머니 장씨臧氏는 처음에 왕씨王氏에게 시집가서 아들 신信을 낳고 과부가 되었다. 다시 장릉전씨長陵田氏에게 시집을 가서 분蚠과 승勝을 낳았다.

【索隱】 蚠音扶粉反 按 外戚世家皇太后母臧氏初嬪王氏 生子信而寡 更嫁長陵田氏 生蚠及勝也

태사공은 말한다.

"한나라가 발흥하고서 효문제가 대덕大德을 베풀어 천하가 편안해졌다. 효경황제에 이르러서 다시는 성이 다른 제후들의 모반을 걱정하지 않았으나 조조晁錯가[①] 제후들의 봉지를 가혹하게 삭감해서 결국 7국으로 하여금 함께 일어나게 했고 합종해서 서쪽으로 향하게 했다. 이는 제후들이 매우 강성한데도 조조가 이[削藩策]를 폄에 점진적으로 시행하려 하지 않았기 때문이다. 주보언周父偃의[②] 계책[推恩法]을 펼 때에 이르러 제후들의 세력이 쇠약해짐으로써 마침내 천하가 편안해졌으니[③] 편안해지고 위태롭게 되는 계기를 어찌 계책 때문이라고 아니하겠는가?"

太史公曰 漢興 孝文施大德 天下懷安 至孝景 不復憂異姓 而晁錯[①] 刻削諸侯 遂使七國俱起 合從而西鄕 以諸侯太盛 而錯爲之不以漸也 及主父偃[②]言之 而諸侯以弱 卒以安[③] 安危之機 豈不以謀哉

① 晁錯조조

신주 조조(서기전 200년~서기전 154년)는 《한서》 열전에는 조조鼂錯라고 나온다.

② 主父偃주보언

주보언(?~서기전 126년)은 한무제의 신하로 임치 (지금의 산동성 치박시淄博市) 사람이다. 빈한한 출신으로 일찍이 장단종횡술長短縱橫術을 배웠으며,《역경》,《춘추》,《제자백가》를 두루 익혔다. 연燕, 조趙, 중산中山 등지를 돌아다녔지만 벼슬하지 못하다가 원광 원년(서기전 134년)에 주보언이 한무제에게 글을 올려 곧바로 낭중郎中에 임명되었다. 얼마 후 알자謁者, 중랑中郎, 중대부中大夫로 옮겨 1년 동안 파격적인 승진을 했다. 한무제에게 대일통大一統의 정치를 주장했다. 특히 그가 주장한 '추은법推恩法'은 제후들에게 은혜를 베푸는 법으로 제후국들의 불만을 잠재우는데 큰 역할을 했다.

③ 主父偃言之而諸侯以弱卒以安주보언언지이제후이약졸이안

주보언主父偃이 말을 올려서 말하기를 "지금 천자께서는 은혜의 영을 내려서 제후들로 하여금 각각 그 자제들에게 읍을 나누어 주게 하면 드디어 약해져서 마침내 편안할 것입니다."라고 했다.
【索隱】 主父偃上言 今天子下推恩之令 令諸侯各得分邑其子弟 於是逐弱卒以安也

사마정이 펼쳐서 밝히다.
경제가 즉위하자, 그로 인해 수양하고 조용히 침묵했다. 사람들을 농업에 힘쓰게 하고 아랫사람을 덕으로 거느렸다. 제도가 이렇게 창건되고 예법이 준칙으로 되었다. 하루아침에 오초吳楚는 갑자기 흉특함을 일으켰다. 바둑판을 당겨 틈이 생겼으니 인륜을 거부하고 미혹에 이르렀다. 조조晁錯는 비록 처단되었지만 양성梁城에서 아직 적도를 물리치지 못했다. 조후條侯가 장수로 나가서 추격하여 쫓고 무너뜨렸다. 어지러운 일에 연루되어 섰다가 잘라지니 적도賊盜에 짝했다. 어찌하여 태위는 뒤에 끝내 하옥되었는지. 안타깝다, 명군이여, 이들의 공을 봉록俸祿하지 않았으니!

【索隱述贊】 景帝卽位 因脩靜黙 勉人於農 率下以德 制度斯創 禮法可則 一朝吳楚 乍起凶慝 提局成釁 拒輪致惑 晁錯雖誅 梁城未克 條侯出將 追奔逐北 坐見梟剗 立翦牟賊 如何太尉 後卒下獄 惜哉明君 斯功不錄

사기 제12권 史記卷十二

효무본기 孝武本紀 ①

① 효무본기孝武本紀

〈태사공자서太史公自序〉에는 "금상본기今上本紀로 되어 있다."고
했다. 또 그 사실을 기술할 때는 모두 '금상今上', '금천자今天子'라고 했
는데, 혹 '효무제孝武帝'라는 말이 있는 것은 다 후인後人이 정한 바이다.
장안張晏은 "무기武紀(무제본기)는 저선생褚先生이 보충해 지은 것이다. 저
선생은 이름이 소손小孫이고 한漢나라 박사博士였다."고 했다.

【集解】 太史公自序曰 作今上本紀 又其述事皆云 今上 今天子 或有言孝
武帝者 悉後人所定也 張晏曰 武紀 褚先生補作也 褚先生名少孫 漢博士也

상고해보니 저선생이 《사기》를 보충하고 무제 때의 일을 편년
編年으로 삼아서 합하면서 이제 겨우 〈봉선서〉에서 취하여 보충하였으
니 그 재능이 얕박하다고 믿을 만하다. 또 장안張晏이 이르기를 "저선
생은 영천潁川 사람이고 원제元帝와 성제成帝의 사이에서 벼슬했다."고
했다. 위릉韋稜은 "《저의가전褚顗家傳》에 저소손褚少孫은 양梁나라 재상
인 저대褚大의 아우 손자이고 선제宣帝 때에 박사가 되어 패沛에 웅크려
살면서 대유大儒 왕식王式을 섬겨 호號를 '선생'이라고 했는데, 〈태사공
서〉를 이었다. 완효서阮孝緖 또한 그러하다."고 했다.

【索隱】 按 褚先生補 史記 合集武帝事以編年 今止取封禪書補之 信其才
之薄也 又張晏云 褚先生潁川人 仕元成閒 韋稜云 褚顗家傳褚少孫 梁相褚
大弟之孫 宣帝代爲博士 寓居于沛 事大儒王式 號爲先生 續太史公書 阮孝
緒亦以爲然也

제1장

방사에 빠진 황제

효경황제의 가운데 아들이다

효무황제는[①] 효경황제의 가운데 아들이다.[②] 어머니는 왕태후王
太后라고 한다. 경제 4년에 황자皇子로서 교동왕膠東王이 되었다.
경제 7년에 율태자栗太子를 폐위하여 임강왕臨江王으로 삼고 교
동왕이 태자가 되었다. 경제가 16년 만에 붕어하자 태자가 즉위
하니 효무황제이다. 효무황제는[③] 즉위 초에 더욱 공경하게 귀신
의 제사를 받들었다.

孝武皇帝者[①] 孝景中子也[②] 母曰王太后 孝景四年 以皇子爲膠東王
孝景七年 栗太子廢爲臨江王 以膠東王爲太子 孝景十六年崩 太子
卽位 爲孝武皇帝 孝武皇帝[③]初卽位 尤敬鬼神之祀

① 孝武皇帝者효무황제자

《한서음의》에 "휘諱는 철徹이다."라고 했다.

【集解】 漢書音義曰 諱徹

색은 배인은 〈태사공자서〉에는 "지금 임금의 본기를 지었다[作今上本紀]라고 했고 또 그 서사序事에는 모두 '금상今上', '금천자今天子'라고 했는데 지금 혹 효무황제자孝武皇帝者라고 말하는 것은 모두 뒷 사람들이 정한 바이다."라고 했다.

【索隱】 裴駰云 太史公自序云 作今上本紀 又其序事皆云 今上 今天子 今或言孝武皇帝者 悉後人所定也

정의 시호법에는 "극정화란克定禍亂(화란을 극복하고 안정시킨 것)이 무武이다."라고 했다.

【正義】 謚法云 克定禍亂曰武

② 孝景中子也효경중자야

색은 상고해보니 《경제십삼왕전景帝十三王傳》에서 광천왕廣川王 이상은 모두 무제의 형이고, 하간왕河間王 덕德으로부터 광천廣川에 이르기까지 모두 8명이 있었으니 무제武帝는 곧 제 아홉 번째이다.

【索隱】 按 景十三王傳廣川王已上皆是武帝兄 自河間王德以至廣川 凡有八人 則武帝第九也

③ 孝武皇帝효무황제

집해 장안은 "무제는 경제景帝 원년에 태어나 7세에 태자가 되어 태자가 된지 10년 만에 경제가 붕어했으니 당시의 나이는 16세였다."고 했다.

【集解】 張晏曰 武帝以景帝元年生 七歲爲太子 爲太子十歲而景帝崩 時年十六矣

원년,[1] 한나라가 건국된 지 60여 년으로써[2] 천하가 안정되었다.[3] 조정의 지체 높은 관리[薦紳]들은[4] 모두 천자가 봉선封禪을 거행하고 역법曆法을 바르게 고칠 것을 바랐다. 무제는 유술儒術을 받들어 현량賢良 조관趙綰과 왕장王臧[5] 등을 초청해 현량문학賢良文學을[6] 근거해서 공경公卿으로[7] 삼고, 예전의 명당明堂을 성城(장안성) 남쪽에 세울 것을 의논하여 제후들에게 조회를 받고자 했다. 순수봉선을 시작해서 역법과 복색을 고치는 일에 나아가지 못했다.

元年[1] 漢興已六十餘歲矣[2] 天下乂安[3] 薦紳[4]之屬皆望天子封禪改正度也 而上鄉儒術 招賢良 趙綰 王臧[5]等以文學[6]爲公卿[7] 欲議古立明堂城南[8] 以朝諸侯 草巡狩封禪改歷服色事未就

① 元年 원년

신주 한무제 건원建元 원년은 서기전 140년이다.

② 漢興已六十餘歲矣한흥이육십여세의

집해 서광은 "67년이고 해는 신축辛丑에 있었다."고 했다.
【集解】 徐廣曰 六十七年 歲在辛丑

신주 이때는 한나라가 창건된 지 67년으로 신축辛丑년이라는 뜻이다.

③ 天下乂安천하예안

정의 乂는 '예[魚廢反]'로 발음한다.
【正義】 乂音魚廢反

④ 薦紳천신

색은 천薦은 '진搢'으로 발음하는데, 진搢은 '정挺'이다. 신대紳帶(큰 띠)의 사이에 홀笏을 꽂는 것을 말하는데 이 일이 《예기》〈내칙內則〉 편에 나와 있다. 지금 '천薦'자는 옛날 글자를 가차假借했을 뿐이다. 《한서》에는 '진신縉紳'으로 되어 있다. 신찬이 "진縉은 적백색赤白色이다."라고 한 것은 잘못이다.
【索隱】 上音搢 搢 挺也 言挺笏於紳帶之閒 事出禮內則 今作 薦者 古字假借耳 漢書作 縉紳 臣瓚云 縉 赤白色 非也

⑤ 趙綰王臧조관왕장

신주 조관(?~?)은 한나라 유학자로서 신배申培의 제자이다. 조관과 왕장(?~서기전 139년)은 지금의 산동山東 사람으로 두영竇嬰을 거쳐 전분 田蚡의 추천으로 무제에게 중용되어 어사대부御史大夫와 낭중령郎中令 에 올랐다. 유학 독존儒學獨存 파출백가罷黜百家를 추구하다가 태황태 후 두竇씨의 미움을 사서 파면되고 둘 다 옥사했다.

⑥ 文學문학

신주 '현량문학'의 약칭이다. 효무제 때 처음으로 관리를 선발하는 과거시험의 한 과목이다.

⑦ 公卿공경

신주 조관趙綰, 왕장王臧이 한무제에게 발탁된 후 조관은 어사대부, 조관은 낭중령이 되었다. 어사대부는 삼공三公 중의 하나이고, 낭중령 은 구경九卿의 하나이기 때문에 공경公卿이라고 표현한 것이다.

⑧ 城南성남

색은 성남城南은 장안성長安城 남문 밖이다. 상고해보니 《관중기關中 記》에는 "명당明堂은 장안성 문 밖에 있고 두문杜門의 서쪽이다."라고 했다.

【索隱】 城南 長安城南門外也 案 關中記云 明堂在長安城門外 杜門之西也

때마침 두태후竇太后가 황제黃帝와 노자老子의 학술을[1] 익혀서 유술儒術을 좋아하지 않았다. 사람을 시켜 몰래 조관趙綰 등이 간계한 욕심으로 도모한 일을 찾아내게 하고는[2] 조관과 왕장을 소환해 조사하자 조관과 왕장이 자살함으로써[3] 여러가지 하려던 일들도 모두 폐기되었다.

會竇太后治黃老言[1] 不好儒術 使人微得趙綰等姦利事[2] 召案綰 臧 綰 臧自殺[3] 諸所興爲者皆廢

① 黃老言황로언

신주 황제黃帝와 노자老子의 학설을 말한다. 두태후는 경제와 태자, 두씨의 외척들 모두를 황로사상에 관한 책을 읽게 했고, 신하들도 황로사상을 받아들여야만 할 정도로 이 사상에 심취했던 사람이다. 그래서 효무제 때에는 유가와의 충돌이 잦았다.

② 趙綰等姦利事조관등간리사

집해 서광은 "섬세하게 엿보고 살폈다."고 했다.

【集解】 徐廣曰 纖微伺察之

③ 綰臧自殺관장자살

정의 《한서》효무제 2년에 어사대부 조관이 태황태후에게 정무 보고하는 것을 없애야 한다고 청한 것에 연좌되어 낭중령郎中令 왕장王臧과 함께 하옥되자 자살했다. 응소는 "왕장王臧은 유자儒者인데 명당明堂과 벽옹辟雍을 세우고자 했지만 태후는 본디 황로술黃老術을 좋아하고 오경五經을 가까이하지 않았다. 이 때문에 태후에게 아룀을 끊어야 한다고 주장했는데, 이를 계기로 태후가 분노해서 죽이라고 명했다."고 했다.

【正義】 漢書孝武帝二年 御史大夫趙綰坐請無奏事太皇太后 及郎中令王臧皆下獄 自殺 應劭云 王臧儒者 欲立明堂 辟雍 太后素好黃老術 非薄五經 因故絶奏事太后 太后怒 故令殺

그로부터 6년 뒤에 두태후가 붕어했다. 그 다음해에 무제가 문학文學의 선비 공손홍公孫弘[1] 등을 불러들였다.

後六年 竇太后崩 其明年 上徵文學之士公孫弘[1]等

① 公孫弘공손홍

신주 공손홍(서기전 200년~서기전 121년)은 춘추 등 경전에 밝아 현량문학으로 효무제에게 발탁되어 박사를 지냈고, 후에 어서대부와 승상을 역임했다. 승상 때 평진후平津侯에 봉해졌으며, 동각을 열어 자신은 현미밥과 베 이불을 덮으면서도 사류들과 교제함에 그의 봉록이 모두 그들을 접대하는데 쓰였을 정도였다고 《한서》의 〈공손홍전〉에 자세하다.

이듬해 처음으로 무제가 옹雍 땅에 이르러 오치五時에서[1] 교제
郊祭를 올렸다. 그 뒤로는 3년에 한 번씩 교제를 올리게 했다. 이
때 무제는 신군神君을[2] 구해 상림원上林苑[3] 안의 제씨관蹏氏觀
에[4] 머무르게 했다. 신군神君은 장릉長陵 여자로서 자식 때문에
슬퍼하다 죽었는데 그의 동서[先後] 원약宛若에게[5] 귀신으로 나
타났다. 원약이 그의 집에서 제사를 지냈는데 백성들이 많이 가
서 제사를 지냈다. 평원군平原君도[6] 가서 제사를 지냈는데 그 후
자손들이 높게 되고 이름이 드러나게 되었다. 무제가 즉위하자
두터운 예로 그녀를 궁 안으로 모시고 제사를 지냈는데 그녀의
말소리는 들렸으나 사람의 모습은 보이지 않았다고 이른다.

明年 上初至雍 郊見五時[1] 後常三歲一郊 是時上求神君[2] 捨之上林[3]
中蹏氏觀[4] 神君者 長陵女子 以子死悲哀 故見神於先後宛若[5] 宛若
祠之其室 民多往祠 平原君[6]往祠 其後子孫以尊顯 及武帝卽位 則
厚禮置祠之內中 聞其言 不見其人云

① 五時오치

정의　치時의 발음은 '지止'이다.《괄지지》에는 "한漢나라의 오치五時
는 기주岐州 옹현雍縣 남쪽에 있었다. 맹강孟康은 치時는 신령이 머무는
곳이라고 했다."고 했다. 상고해보니 오치는 부치鄜時, 밀치密時, 오양치
吳陽時, 북치北時이다. 앞서 진秦나라 문공文公이 부치鄜時를 만들어 백

제白帝에게 제사를 지냈다. 진선공秦宣公은 밀치密畤를 만들어 청제靑帝에게 제사를 지냈다. 진영공秦靈公은 오양상치吳陽上畤와 하치下畤를 만들어 적제赤帝와 황제黃帝에게 제사를 지냈다. 한고조漢高祖가 북치北畤를 만들어 흑제黑帝에게 제사를 지냈는데 이것이 오치五畤이다.

【正義】 畤音止 括地志云 漢五帝畤在岐州雍縣南 孟康云 畤者神靈之所止 案 五畤者鄜畤 密畤 吳陽畤 北畤 先是文公作鄜畤 祭白帝 秦宣公作密畤 祭靑帝 秦靈公作吳陽上畤 下畤 祭赤帝 黃帝 漢高祖作北畤 祭黑帝 是五畤也

② 神君신군

정의 《한무제고사漢武帝故事》에 "백량대柏梁臺를 일으켜 신군神君을 거처하게 했는데 장릉長陵의 여자였다. 이보다 앞서 남의 아내로 시집을 가서 사내아이를 하나 낳았는데 몇 해 만에 죽자 여자가 슬퍼 애통해하다 그 해에 또한 죽자 그 혼령을 원약宛若에게 제사를 지내게 했다. 마침내 원약宛若에게 귀신으로 나타났다는 말이 들리자 백성들이 많이 가서 복을 청했는데, 가인家人들의 조그마한 일을 말하면 증험이 있었다. 평원군平原君도 이를 섬겨서 뒤에 자손들이 존귀한 데 이르렀다. 무제가 즉위하자 태후가 궁 안으로 맞아들여 제사지냈는데 그의 말은 들을 수 있었지만 그 사람은 볼 수 없었다. 이 신군神君이 국局에서 나오기를 구하는데 이르러 백양대를 지어서 바쳤다. 처음에 곽거병霍去病이 한미할 때 스스로 신군에게 빌자 급기야 그 모습을 보이고 스스로 닦아서 꾸미고는 곽거병과 교접하려고 했지만 곽거병이 즐거이 듣지 않으면서 신군에게 '나는 신군을 정결하게 여겼기 때문에 재계하고 복을 바라는데 지금 음란하려고 하니 잘못입니다.'라고 이르렀다. 이에 스스로 끊고 다시는 가지 않았다. 신군이 부끄러워하며 떠났다."고 했다.

【正義】 漢武帝故事云 起柏梁臺以處神君 長陵女子也 先是嫁爲人妻 生一男 數歲死 女子悼痛之 歲中亦死 而靈 宛若祠之 遂聞言宛若爲生 民人多往 請福 說家人小事有驗 平原君亦事之 至後子孫尊貴 及上即位 太后延於宮中祭之 聞其言 不見其人 至是神君求出局 營柏梁臺舍之 初 霍去病微時 自禱神君 及見其形 自脩飾 欲與去病交接 去病不肯 謂神君曰 吾以神君精絜 故齋戒祈福 今欲婬 此非也 自絶不復往 神君慙之 乃去也

신주 《사기》〈봉선서〉에는 "도가道家의 신이라."고 했다.

③ 上林苑상림원

신주 중국, 장안長安의 서쪽에 위치한다. 나라에서 관리하는 정원이다.

④ 蹏氏觀제씨관

집해 서광은 "제蹏는 '제蹄'로 발음한다."고 했다.

【集解】 徐廣曰 蹏音蹄

색은 서광은 '제蹄'로 발음하고 추탄생은 '사斯'로 발음한다고 하고 또 '제蹄'로도 발음한다고 했다. 제씨관은 관觀 이름이다.

【索隱】 徐廣音蹄 鄒誕音斯 又音蹄 觀名也

⑤ 先後宛若선후원약

[집해] 맹강은 "모유를 만들다 죽었다. 형제의 아내를 서로 '선후先後'라고 이른다. 원약宛若은 자字이다."라고 했다.
【集解】 孟康曰 産乳而死 兄弟妻相謂先後 宛若 字

[색은] 선후에 대해 추탄생은 두 글자가 거성去聲으로서 곧 지금의 축래妯娌(동서)이다. 맹강은 형제의 아내들이 서로 이르는 명칭이라고 했다. 위소는 선先은 사姒(손위 동서)를 이르고 후後는 제娣(손아래 동서)를 이른다고 했다. 완宛은 '원冤'으로 발음한다.
【索隱】 先後 鄒誕音二字並去聲 即今妯娌也 孟康以兄弟妻相謂也 韋昭云 先謂姒 後謂娣也 宛音冤

⑥ 平原君평원군

[집해] 서광은 "무제의 외조모이다."라고 했다. 배인이 상고해보니 채옹이 이르기를 "성이 다른[異姓] 부인婦人으로서 은택恩澤으로 봉해진 자를 군君이라고 하는데 의절이 장공주長公主에 비교된다."고 했다.
【集解】 徐廣曰 武帝外祖母也 駰案 蔡邕曰 異姓婦人以恩澤封者曰君 儀比長公主

[색은] 상고해보니 서광이 무제의 외할머니라고 이른 이는 장아臧兒였다.

【索隱】 案 徐云武帝外祖母 則是臧兒也

이때 이소군李少君[1] 역시 사조祠竈와[2] 곡도穀道로[3] 늙음을 물리친다는 방술을 가지고 무제를 알현하자 무제가 그의 의견을 높이 받아들였다. 소군은 이전에 심택후深澤侯가[4] 들여서 의약을 주관하게[5] 한 자였다. 그는 나이와 나서 자란 것을 숨기고 항상 스스로 일흔 살이라고 이르면서 약[物]으로 늙음을 물리칠 수 있다고 했다.[6] 그는 방술로써 주유하며 제후들을 두루 만났다. 아내나 자식도 없었다. 사람들은 그가 약물로써 죽지 않게 할 수 있다는 소문을 듣고 잇달아 선물들을 보내주어 항상 금전이나 비단이나 의식에는 여유가 있었다. 사람들이 모두 그는 생업을 하지 않으면서도 풍요롭고 넉넉하다고 여겼고 또 그가 무엇을 하는 사람인지도 알지 못했지만 더욱 믿고 다투어 섬겼다.

是時而李少君[1]亦以祠竈[2] 穀道[3] 卻老方見上 上尊之 少君者 故深澤侯[4]入以主方[5] 匿其年及所生長 常自謂七十 能使物 卻老[6] 其游以方遍諸侯 無妻子 人聞其能使物及不死 更饋遺之 常餘金錢帛衣食 人皆以爲不治產業而饒給 又不知其何所人 愈信 爭事之

① 李少君이소군

정의 《한서기거漢書起居》에 "이소군李少君이 장차 떠날 때 무제가 꿈에 그와 함께 숭고산崇高山에 올랐는데 절반쯤 올랐을 때 용을 타니 구름 속에서 '태일太一(우주의 본체)이 소군少君을 청한다'는 말이 들렸다. 무제가 좌우에게 '장차 나를 버리고 가겠구나.'라고 했는데 수개월 만에 소군이 병으로 죽었다. 또 관을 열어 보니 오직 의관만이 있었다."고 했다.

【正義】 漢書起居云 李少君將去 武帝夢與共登嵩高山 半道 有使乘龍時從雲中云 太一請少君 帝謂左右將舍我去矣 數月而少君病死 又發棺看 唯衣冠在也

신주 《한무내전漢武內傳》에 "제나라 임치 사람으로 자는 운익雲翼이다."고 했다.

② 祠竈사조

색은 여순은 "사조祠竈는 복을 이르게 하는 것이다."라고 했다. 상고해보니 예禮에 조竈(부뚜막 제사)라는 것은 늙은 부인에 대한 제사에서 동이의 음식을 담고 단지의 술을 따르는 것이다.《설문》과《주례》에는 축사竈祠를 축융祝融이라고 했다.《회남자》에는 염제炎帝는 화관火官을 만들었는데 죽어서 조신竈神이 되었다. 사마표司馬彪가《장자莊子》주석에 이르기를 "결髻(부엌귀신)은 조신竈神인데 미녀美女와 같이 붉은 옷을 입힌다."고 했다. 이홍범李弘範은 "결髻은 발음이 '힐詰'이다."라고 했다.

【索隱】 如淳云 祠竈可以致福 案 禮竈者 老婦之祭 盛於盆 尊於瓶 說文周禮以竈祠祝融 淮南子炎帝作火官 死爲竈神 司馬彪注莊子云髻 竈神也 如美女 衣赤 李弘範音詰也

③ 穀道곡도

집해 이기李奇는 "식곡食穀하고 도인道引하는 것이다. 어떤 이는 벽곡
辟穀(곡식 대신 솔잎, 대추, 밤 등을 먹는 일)만 하고 곡식을 먹지 않으며 도를
체득하는 것이다."라고 했다.

【集解】 李奇曰 食穀道引 或曰 辟穀不食之道

신주 《사기》의 〈유후세가〉에 "유후留侯는 본래 병이 많아서 도인술
道引術을 하면서 곡식을 먹지 않았다."는 기록이 있다. '식곡도인食穀道
引'이란 곡식을 먹지 않으면서 도인술을 익힌다는 뜻이다. 일종의 강장
強壯하게 하는 도술道術이다.

④ 深澤侯심택후

집해 서광은 "성은 조趙이고 경제 때 작위를 봉함이 단절되었다."고
했다.

【集解】 徐廣曰 姓趙 景帝時絕封

⑤ 主方주방

집해 서광은 "천자에게 들여서 방술을 주관하는 것이다. 일설에는
후인주방侯人主方이다."라고 했다. 배인이 상고해보니 여순은 "후侯의
가인家人으로서 처방과 약을 주관하는 자이다."라고 했다.

【集解】 徐廣曰 進納於天子而主方 一云 侯人主方 駰案 如淳曰 侯家人主
方藥者也

⑥ 使物卻老사물각로

집해 여순은 "물物은 귀물鬼物이다."라고 했다. 신찬은 "물物은 약물
藥物이다."라고 했다.

【集解】 如淳曰 物 鬼物也 瓚曰 物 藥物也

신주 약물로써 늙는 것을 물리친다는 뜻이다.

소군은 천성적으로 방술方術을 좋아했고 교묘한 말을 잘 했는데 말을 하면 기이하게 적중했다.[①] 일찍이 무안후武安侯를[②] 따라 술을 마시는데 자리에 아흔 살 노인이 있었다. 소군이 이때 그 노인의 조부大父(祖父)와 활을 쏘며 노는 곳을 말했는데 노인이 아이였을 때 그 할아버지를 따라간 적이 있어서 그곳을 안다고 하여 앉아 있던 사람들이 모두 깜짝 놀랐다. 소군이 황제를 알현했을 때 무제가 오래된 동기銅器를 가지고 있다가 소군에게 물었다. 소군이 말했다.

"이 동기銅器는 제환공齊桓公[③] 십년에 백침대柏寢臺[④]에 놓여 있던 것입니다."

무제가 잠시 뒤 동기에 새겨진 글자를 조사해보니[⑤] 과연 제나라 환공桓公의 동기銅器였다. 온 궁 안의 사람들이 모두 놀라서 소군을 신神이라면서 몇 백 살 된 사람이라고 여겼다.

少君資好方 善爲巧發奇中[①] 嘗從武安侯[②]飮 坐中有年九十餘老人 少君乃言與其大父游射處 老人爲兒時從其大父行 識其處 一坐盡驚 少君見上 上有故銅器 問少君 少君曰 此器齊桓公[③]十年陳於柏寢[④] 已而案[⑤]其刻 果齊桓公器 一宮盡駭 以少君爲神 數百歲人也

① 巧發奇中교발기중

[집해] 여순은 "때때로 발언을 하면 적중하는 바가 있다."고 했다.

【集解】 如淳曰 時時發言有所中也

② 武安侯무안후

색은 복건은 "전분田蚡이다."라고 했다. 위소는 "무안武安은 위군魏郡에 속한다."고 했다.

【索隱】 服虔云 田蚡也 韋昭云 武安屬魏郡也

③ 齊桓公제환공

신주 춘추시대 제나라 군주로 성은 강姜이고 이름은 소백小白이다. 춘추시대에 하나의 패주霸主였으며 서기전 685년 즉위하여 43년간 재위했다.

④ 柏寢백침

집해 복건은 "(백침은) 지명인데 대臺가 있다."고 했다. 신찬은 《안자서晏子書》에 백침柏寢은 대臺 이름이다."라고 했다.

【集解】 服虔曰 地名 有臺也 瓚曰 晏子書柏寢 臺名也

정의 《괄지지》에 "백침대는 청주靑州 천승현千乘縣 동북쪽 21리에 있다. 한자韓子가 이르기를 제齊나라 경공景公과 안자晏子(嬰)는 소해少海에서 유람하고 백침柏寢에 있는 대에 올라서 그의 나라를 바라보았다. 경공이 '아름답다. 당堂이여! 후대에 누가 장차 이곳을 차지할 것인가?'라고 하자 안자가 '전씨田氏일 것입니다.'라고 답했다. 경공이 '과인이 나라를 가졌는데 전씨가田氏家를 어찌해야 하겠는가?'라고 묻자 안자가 '이를 빼앗으려면 어진 이를 가까이하고 불초한 이를 멀리해서 어지러운 것을 다스리고 형벌을 가볍게 합니다. 또 궁핍한 이들을 건지고 고아와 과부를 구휼해서 은혜를 행하고 절약하고 검소함을 높여야 합니다. 그러면 비록 열 사람의 전씨라도 당을 어찌 하겠습니까?'라고 답하니 곧 이것이다.'라고 했다.

【正義】 括地志云 柏寢臺在青州千乘縣東北二十一里 韓子云 景公與晏子遊於少海 登柏寢之臺而望其國 公曰 美哉堂乎 後代孰將有此 晏子云 其田氏乎 公曰 寡人有國而田氏家 奈何 對曰 奪之 則近賢遠不肖 治其煩亂 輕其刑罰 振窮乏 恤孤寡 行恩惠 崇節儉 雖十田氏其如堂何 即此也

⑤ 案안

신주 '조사한다'의 뜻이다.

소군이 무제에게 말했다.

"사조祠竈(부엌 신에게 올리는 제사)를 올리면 사물이 이르게 되고 사물이 이르게 되면 단사丹沙(수은으로 된 황화광물)가① 황금으로 변할 수 있습니다. 황금을 제련하여 음식을 먹는 그릇을 만들면 수명이 더해지게 됩니다. 수명이 더해지면 바다 속의 봉래산蓬萊山의② 신선을 볼 수 있습니다. 봉래산의 신선을 보고 봉선封禪하면③ 죽지 않게 되는데 황제黃帝께서 그러 하셨습니다. 저는 일찍이 바닷가를 유람할 때 안기생安期生을④ 만난 적이 있습니다. 그가 신에게 대추를 먹으라고 주었는데 크기가 참외만 했습니다. 안기생이란 신선은 봉래산 속을 내왕하는데 그와 마음이 맞으면 모습이 보이지만 맞지 않으면 숨어 버립니다."

少君言於上曰 祠竈則致物 致物而丹沙①可化爲黃金 黃金成以爲飲食器則益壽 益壽而海中蓬萊②僊者可見 見之以封禪③則不死 黃帝是也 臣嘗游海上 見安期生④ 食臣棗 大如瓜 安期生僊者 通蓬萊中 合則見人 不合則隱

① 丹沙단사

신주 즉 황화수은이다. 일반적으로 주사朱砂라고 하는데, 고대의 방사들은 이것을 불로장생不老長生의 약, 혹은 황금黃金으로 여겼다.

② 蓬萊봉래

신주 발해, 또는 동해에 있다는 세 선산仙山 중 하나이다. 세 선산은 봉래, 영주瀛州, 방장산方丈山을 뜻한다. 이 산에 있는 열매를 먹으면 불로장생한다는 전설이 있다. 《산해경》〈해내북경海內北經〉에 "봉래산은 바다에 있다."는 구절이 있고, 《열자列子》〈탕문湯問〉에 "발해 동쪽에 다섯 산이 있으니 하나는 대여岱輿, 둘은 원교員嶠, 셋은 방호方壺, 넷은 영주瀛洲 ,다섯은 봉래산이다."라는 구절이 있다. 《사기史記》〈봉선서封禪書〉는 봉래, 영주, 방장산을 신선이 산다는 세 산으로 기록하고 있다.

③ 封禪봉선

신주 제왕이 하늘에 제사지내는 것이 봉封, 땅에 제사지내는 것이 선禪이다. 고대부터 행해졌는데, 진시황은 서기전 219년 태산에서 하늘에 봉하고, 양보산梁父山에서 땅에 선했다. 한무제 유철劉徹은 원봉元封 원년(서기전 110년)에 태산에 봉하고, 숙연산肅然山에서 선했다. 현재 산동성 태산에는 무제가 봉선하고 세운 무자비無字碑가 남아 있다.

④ 安期生안기생

색은 복건은 "옛날 진인眞人이다."라고 했다. 상고해보니 《열선전列仙傳》에는 "안기생安期生은 낭야琅邪사람으로서 동해 가에서 약을 팔았는데 당시 사람들이 모두 천 살이라고 말했다."고 했다.

【索隱】 服虔曰 古之眞人 案 列仙傳云 安期生 琅邪人 賣藥東海邊 時人皆
言千歲也

정의 《열선전》에는 "안기생은 낭야 부향정阜鄕亭 사람이다. 바닷가
에서 약을 팔았다. 진시황이 사흘 밤 동안 말하기를 청하면서 수천만의
금을 하사했으나 부향정阜鄕亭을 나와 모두 두고 떠났다. 글을 남겼는데
적옥사赤玉寫 1개를 보답으로 여기면서 '천 년 뒤에 나를 봉래산 아래
에서 찾으라' 했다."고 한다.
【正義】 列仙傳云 安期生 琅邪阜鄕亭人也 賣藥海邊 秦始皇請語三夜 賜
金數千萬 出 於阜鄕亭 皆置去 留書 以赤玉舃一量爲報 曰 後千歲求我於蓬
萊山下

이에 천자께서 친히 부엌 신에게 올리는 제사를 시작했고 방사
方士를 보내 바다에 들어가 봉래산의 안기생 같은 신선들을 찾
게 했으며 단사 등 여러 약제를 써서 황금을 만드는 일을 하게
했다.
於是天子始親祠竈 而遣方士入海求蓬萊安期生之屬 而事化丹沙諸
藥齊爲黃金矣

제1장 방사에 빠진 황제 89

오랜 세월이 지나 이소군이 병으로 죽었다. 천자는 신선으로 변화하여 떠난 것이지 죽은 것이 아니라고 여겼다. 그래서 황추黃鍾와① 사관서史寬舒를② 보내 그의 방술을 받도록 했다. 또 봉래산의 안기생安期生을 찾도록 했으나 찾을 수가 없었다. 바닷가를 유회遊回하는 연나라나 제나라의 괴이하고 어리석은 방사方士들이 이소군을 서로 많이 모방했고 계속해서 신선과 관련한 일들을 말했다.

居久之 李少君病死 天子以爲化去不死也 而使黃鍾①史寬舒②受其方 求蓬萊安期生莫能得 而海上燕齊怪迂之方士多相效 更言神事矣

① 黃鍾황추

집해 위소는 "사람의 성명이다."라고 했다.
【集解】 韋昭曰 人姓名

정의 추鍾는 '쥐[直僞反]'로 발음한다고 했다.
【正義】 音直爲反

신주 황현黃縣과 추현鍾縣으로 해석하기도 한다. 황현은 지금의 산동성 황현 동쪽이고, 추현은 산동성 문등文登현 서쪽 지역이다. 《사기》〈진시황본기〉 시황 28년 조에는 진시황이 "발해渤海의 동쪽을 아우르

면서 황현, 추현을 지나서 성산成山을 넘고 지부산之罘山에 올라 진나라
의 덕을 노래하는 송덕비를 세우고 떠나갔다.”는 구절이 있다.

② 史寬舒사관서

[집해] 《한서음의》에는 “두 사람(황추와 사관서)는 모두 방사方士이다.”
라고 했다.
【集解】 漢書音義曰 二人皆方士

[정의] 성은 사史이고 이름은 관서寬舒이다.
【正義】 姓史 名寬舒

태일신에게 제사를 지내다

박亳 땅① 사람인 박유기薄誘忌가② 태일신泰一神③에게 제사하는
방법에 대해 천자天子에게 아뢰었다.
"하늘의 신神에서 귀한 분이 태일泰一입니다. 태일신을 보좌하
는 분이 오제五帝라고④ 합니다. 옛날에는 천자께서 봄과 가을에
동남쪽 교외에서 태일에게 지내는 제사에 태뢰太牢를⑤ 갖추어서
칠일⑥ 동안 제사를 지냈으며 단壇을 만들어 팔방으로 통하는
귀신의 길을 열었습니다."
亳①人薄誘忌②奏祠泰一③方 曰 天神貴者泰一 泰一佐曰五帝④ 古者
天子以春秋祭泰一東南郊 用太牢⑤具 七日⑥ 爲壇開八通之鬼道

① 亳박

신주 '薄'과 통한다. 박亳 땅은 세 곳이 있는데, 남박南亳은 지금의 하남성河南省 상구시商丘市 동남쪽에 있고, 북박北亳은 하남성河南省 상구시商丘市 북쪽이며, 서박西亳은 하남성河南省 언사현偃師縣 서쪽에 있다.

② 薄誘忌박유기

집해 서광徐廣은 "일설에는 박亳 땅 사람 유기謬忌이다."라고 했다.

【集解】 徐廣曰 一云 亳人謬忌也

색은 박은 산양山陽 현의 이름이다. 성은 유謬이고 이름은 기忌이다. 박 땅에 살았다. 그래서 아래에서 박기薄忌라고 칭했다. 이 글인즉 '박薄'은 연자衍字(쓸데없이 들어간 글자)이고 '유謬' 자도 또한 잘못된 것으로 '유誘' 자가 되어야 한다.

【索隱】 亳 山陽縣名 姓謬 名忌 居亳 故下稱薄忌 此文則衍薄字 而謬又誤作誘矣

③ 泰一태일

색은 천신天神의 귀한 자가 태일太一이다. 상고해보니 《악즙미도樂汁微圖》에는 "자미궁紫微宮의 북극천일北極天一이 태일太一이다.'라고 했다. 송균宋均은 천일天一과 태일太一은 북극의 다른 이름이라.'고 했다. 《춘추위春秋緯》에 "자궁紫宮은 천황요백보天皇曜魄寶가 다스리는 곳이다."라고 했다.

【索隱】 天神貴者太一 案 樂汁微圖云 紫微宮北極天一太一 宋均以爲天一
太一 北極之別名 春秋緯紫宮 天皇曜魄寶之所理也

④ 五帝오제

색은　그를 보좌하는 것을 오제五帝라고 한다.《하도河圖》에서 창제
蒼帝는 신神의 이름인데 영위앙靈威仰에 속한다.
【索隱】 其佐曰五帝 河圖云 蒼帝神名靈威仰之屬也

정의　오제는 오천제五天帝이다.《국어》에는 "창제蒼帝는 영위앙靈威
仰이고 적제赤帝는 적표노赤熛怒이고 백제白帝는 백초구白招矩이고 흑
제黑帝는 협광기叶光紀이고 황제黃帝는 함추뉴含樞紐이다."라고 했다.
《상서제명험尚書帝命驗》에는 "창제蒼帝의 이름은 영위앙이고 적제赤帝
의 이름은 문조文祖이고 황제의 이름은 신두神斗이고 백제白帝의 이름
은 현기顯紀이고 흑제黑帝의 이름은 현구玄矩이다."라고 했다. 좌자佐者
는 배제配祭를 이른다.
【正義】 五帝 五天帝也 國語云 蒼帝靈威仰 赤帝赤熛怒 白帝白招矩 黑帝
叶光紀 黃帝含樞紐 尚書帝命驗云 蒼帝名靈威仰 赤帝名文祖 黃帝名神斗
白帝名顯紀 黑帝名玄矩 佐者 謂配祭也

⑤ 太牢태뢰

신주　제사를 지낼 때 소, 양, 돼지의 세 가지 희생물을 갖추었으나

후대로 내려오면서 소를 희생하는 것을 태뢰라고 하였다.《예기》에 "주나라 때의 태뢰는 천자가 제사를 지낼 때만 사용했으나 춘추시대에 천자가 약해지고 제후들의 세력이 강해짐으로써 제후들도 제도를 뛰어넘어 사용했다고 했다. 태뢰太牢는 보통 산 소 한 마리를 희생하고, 소뢰小牢는 대부가 제사지낼 때 쓰는 것으로써 산양을 희생했으며, 사신士紳은 제사 때 산 돼지 한 마리만을 사용해야 했다. 제물로 바치는 희생물을 담는 그릇을 뇌牢라고 하는데, 그래서 큰 희생물이 바쳐질 그릇을 태뢰太牢라고 한다. 태뢰에 올리는 소는 뿔이 곧고 잡 털이 없어야 했으며 콩을 먹이고 비단으로 장식했다."고 한다.

⑥ 七日칠일

집해 서광은 "일설에는 날마다 하나의 태뢰太牢를 갖추어서 10일간 제사지냈다."고 했다.

【集解】 徐廣曰 一云 日一太牢具 十日

이에 천자께서 대축太祝에게① 그 사당을 징인 동남 쪽 교외에 세우게 하고 늘 박유기가 말한 방법으로 봉행토록 했다. 그 뒤 어떤 사람이 글을 올려 말했다.

"옛날에 천자께서는 3년마다 한 번씩 태뢰太牢를 갖추어 세 분의 신에게 제사를 지냈는데 천일신天一神, 지일신地一神, 태일신泰一神입니다."

천자가 이를 허락하고 태축太祝에게 명해서 박유기가 말한 대로 만든 태일신의 제단에서 그 방식대로 제사 지내게 했다.

於是天子令太祝①立其祠長安東南郊 常奉祠如忌方 其後人有上書 言 古者天子三年一用太牢具祠神三一 天一 地一 泰一 天子許之 令 太祝領祠之忌泰一壇上 如其方

① 太祝태축

신주 신에게 제사지내는 것을 관장하는 관리이다. 《주례》의 〈춘관종백하春官宗伯下〉 편에 "대축은 육기六祈를 관장하여 인귀人鬼, 천신天神, 지신地神를 화합시켜 것이니, 육기는 첫째 유類, 둘째 조造, 셋째 회禬, 넷째 영禜, 다섯째 공攻, 여섯째 열說이다."라고 하였고, 그 주註에 "인귀, 천신, 지신을 조화롭게 하지 못하면 여섯 가지 재앙이 발생하기 때문에, 기례祈禮로 화합시킨다."라고 하였다. '육기六祈'는 요기를 사라지게 하는 여섯 가지 제사를 말한다.

그 뒤 어떤 사람이 다시 글을 올려서 말했다.

"옛날에 천자께서는 봄과 가을에 늘 해사解祠를① 지냈는데 황제黃帝에게 제사할 때는 한 마리의 올빼미와 파경破鏡을② 사용하고, 명양신冥羊神에게는③ 양羊을 사용하고, 마행신馬行神에게는④ 한 필의 푸른 수말을 사용하고, 태일신이나 고산산군皐山山君이나 지장신地長神에게는⑤ 소를 사용하고 무이군武夷君에게는⑥ 마른 생선을 사용하고, 음양사자陰陽使者에게는⑦ 한 필의 소를 사용했습니다."

그러자 사관祠官에게 명해서 그 방법대로 따르게 하되 박유기가 말한 대로 지은 태일단泰一壇 옆에서 제사를 지내라고 했다.

後人復有上書 言 古者天子常以春秋解祠① 祠黃帝用一梟破鏡② 冥羊③用羊 祠馬行④用一青牡馬 泰一 皐山山君 地長⑤用牛 武夷君⑥用乾魚 陰陽使者⑦以一牛 令祠官領之如其方 而祠於忌泰一壇旁

① 春秋解祠춘추해사

신주 봄과 가을에 재앙을 없애고 복을 비는 제사이다. 〈봉선서〉와 《한서》〈교사지〉에는 '추秋' 자가 없다.

② 梟破鏡효파경

집해 맹강은 "효梟는 새 이름인데 어미를 잡아먹는다. 파경破鏡은 짐승의 이름인데 아비를 잡아먹는다. 황제黃帝가 그런 무리를 없애려고 온갖 물건을 다 사용해서 제사를 지냈다. 파경破鏡은 추猵(사나운 짐승) 와 같고 호랑이의 눈을 가졌다. 어떤 이는 곧바로 거울을 깨는데 사용한다."고 했다. 여순은 "한漢나라의 사신이 동군東郡에서 효梟를 보내자 오월 오일을 효갱梟羹(효로 만든 국)을 만들어서 백관에게 하사했다. 사나운 새이므로 먹은 것이다."라고 했다.

【集解】 孟康曰 梟 鳥名 食母 破鏡 獸名 食父 黃帝欲絕其類 使百物祠皆用之 破鏡如獌而虎眼 或云直用破鏡 如淳曰 漢使東郡送梟 五月五日爲梟羹 以賜百官 以惡鳥 故食之

③ 冥羊명양

집해 복건은 "신神 이름이다."라고 했다.

【集解】 服虔曰 神名也

④ 馬行마행

정의 신神 이름이다.

【正義】 神名也

⑤ 泰一皐山山君地長태일고산산군지장

정의 '장[丁丈反]'으로 발음한다. 태일, 고산산군, 지장은 모두 신神

이름이다.

【正義】 丁丈反 三並神名

⑥ 武夷君무이군

정의 신 이름이다.

【正義】 神名

⑦ 陰陽使者음양사자

집해 《한서음의》에는 "음양의 신이다."라고 했다.

【集解】 漢書音義曰 陰陽之神也

그 후 천자天子의 정원에 흰 사슴이 있었는데 그 가죽으로 화폐
를 만들어서① 상서로운 일이 일어날 조짐이라 여겨 이에 감응하
여② 백금白金을 주조하게 했다.③
其後 天子苑有白鹿 以其皮爲幣① 以發瑞應② 造白金③焉

---

① 其皮爲幣기피위폐

상고해보니 《한서》〈식화지〉에는 "가죽 화폐[皮幣]는 백록피白鹿皮(흰 사슴가죽) 사방 한 자를 무늬 있게 가선을 둘러서 벽璧을 올리면 황금 1근으로 대신할 수 있다."고 했다. 또 한나라의 율律에 피폐皮幣로 거친 사슴가죽 사방 한 자는 황금 1근의 값어치였다.

【索隱】 案 食貨志 皮幣以白鹿皮方尺 緣以繢 以薦璧 得以黃金一斤代之 又漢律皮幣率鹿皮方尺 直黃金一斤

② 以發瑞應이발서응

신주 '발發'은 나타나 보인다는 뜻이고 '서응瑞應'은 상서로움에 감응한다는 뜻이다. 옛날 사람들은 제왕이 덕을 닦아야 천하가 태평해진다고 여겼는데, 하늘에서 상서로운 조짐을 보이고 있어 황제가 이에 덕으로써 감응하는 것을 말한다.

③ 造白金조백금

색은 〈식화지〉에 백금白金에는 삼품三品이 있는데 각각 차등이 있다.

【索隱】 案 食貨志 白金三品 各有差也

정의 백금삼품白金三品은 무제武帝가 주조했다. 여순은 "은銀과 주석을 섞어서 주조하면 백금白金이 된다."고 했다. 〈평준서〉에는 "은과 주석을 주조해서 백금을 만들어서 하늘에서 쓰는 것은 용龍과 같은 것이 없고 땅에서 사용하는 것은 말과 같은 것이 없고 사람이 사용하는 것은 거북과 같은 것이 없다고 생각했기 때문에 백금삼품白金三品이라고 말한다. 그 첫 번째는 무게가 8량八兩에 둥글고 용 문양인데 이름은 백선白選이라고 하며 3,000의 값어치이다. 두 번째는 무게가 조금 적고 모나며 말 문양이 있는데 500의 가치이다. 세 번째는 다시 작고 타원형이며 거북이 문양인데 300의 가치이다."라고 했다. 《전보錢譜》에는 "백금은 제일로 그 형체가 둥근 돈과 같은데 둘레와 구멍이 둥글며 한 마리의 용이 새겨져 있다. 백은白銀은 두 번째로 그 형체가 각지고 조금 긴데 둘레와 구멍도 조금 길고 구멍의 위와 아래에 두 마리 말의 문양이 있다. 백은白銀의 세 번째는 그 형태가 거북과 같고 둘레나 구멍이 작은데 이는 문양이 거북의 껍질이다."라고 했다.

【正義】 白金三品 武帝所鑄也 如淳曰 雜鑄銀錫爲白金也 平準書云 造銀錫爲白金 以爲天用莫如龍 地用莫如馬 人用莫如龜 故曰白金三品 其一曰重八兩 圓之 其文龍 名曰白選 直三千 二曰重差小 方之 其文馬 直五百 三曰復小 隋之 其文龜 直三百 錢譜云 白金第一 其形圓如錢 肉好圓 文爲一龍 白銀第二 其形方小長 肉好亦小長 好上下文爲二馬 白銀第三 其形似龜 肉好小 是文爲龜甲也

그 이듬해 옹雍 땅에서 교제를 지내고 뿔이 하나뿐인 짐승을 잡 았는데 고라니[麃]와 같았다.① 담당 관리가 말했다.

"폐하께서 엄숙하고 공경하게 교제를 지내시니 상제上帝께서 흠 향함에 보답하여 뿔이 하나뿐인 짐승을 주셨는데 대개 기린을② 이른다고 합니다."

이것을 오치五時에 올리고 각 치時마다 소 한필씩 더해 교료郊燎 를③ 지내게 했다. 제후들에게 백금을 내려서 이 부절符節이 천지 의 뜻에 호응하여 일치시킨 것임을 넌지시 알려주었다.④

其明年 郊雍 獲一角獸 若麃然① 有司曰 陛下肅祗郊祀 上帝報享 錫 一角獸 蓋麟②云 於是以薦五時 時加一牛以燎③ 賜諸侯白金 以風符④ 應合于天地

① 麃然포연

<u>집해</u>　위소는 "초나라 사람은 미麋(큰 사슴)를 일러 포麃라고 한다."고 했다.

【集解】 韋昭曰 楚人謂麋爲麃

<u>색은</u>　포麃는 '뵤[步交反]'로 발음한다. 위소는 "몸은 균麕(노루)과 같 으나 뿔은 하나인데, 《춘추》에서 이른바 '노루에 뿔이 있다[有麕而角]'고 한 것이 이것이다. 초楚나라 사람은 미麋를 표麃라고 한다."라고 했다.

또 《주서周書》〈왕회王會〉 편에 "표려는 사슴과 같다."고 했다. 《이아》에 "미麋는 큰 사슴이다. 소꼬리에 뿔 하나가 있다."고 했다. 곽박은 "한무제가 뿔이 한 개 있는 짐승을 얻었는데 표려와 같았고, 기린이라고 이른 것이 이것이다."라고 했다.

【索隱】 麌音步交反 韋昭曰 體若麕而一角 春秋所謂有麕而角 是也 楚人謂麋爲麌 又周書王會云 麌者若鹿 爾雅云麋 大鹿也 牛尾一角 郭璞云 漢武獲一角獸若麌 謂之麟是也

② 麟린

[정의] 《한서》〈종군전終軍傳〉에는 "상上이 옹雍에서 백린白麟을 얻었다. 하나의 뿔이 살로 덮여 있어 무기를 갖추었어도 해가 되지 않기 때문에 인仁하다."라고 했다.

【正義】 漢書終軍傳云 從上雍 獲白麟 一角戴肉 設武備而不爲害 所以爲仁

③ 燎료

[정의] '로[力召反]'로 발음하는데 불사른다는 뜻이다.
【正義】 力召反 焚也

신주 교료郊燎를 말한다. 교료는 고대 중국에서 하늘에 제사지낼 때 교외 들판에 불을 지르고 흠향하는 제사였다.

④ 風符풍부

진작은 "부符는 서瑞(상서로움)이다."라고 했다. 신찬은 "제후에게 이 부符가 상서로움으로 응했음을 살며시 가르쳐 보인 것이다."라고 했다.

【集解】 晉灼曰 符瑞也 瓚曰 風示諸侯以此符瑞之應

'부符'는 부절이다. 앞 문장에서 "흰 사슴 가죽으로 화폐를 만들어서 상서로운 일이 일어날 조짐이라 여겨 이에 감응하여 백금白金을 주조하게 했다."고 했다. 이는 부절을 왜 백금으로 주조했는지 알 수 있게 한다. 따라서 천지로부터 상서로운 일이 일어날 조짐이 있어 이에 호응하기 위해서 용 문양, 말 문양, 거북 문양의 부절을 주조한 것이다. 또한 '풍風'은 상대방에게 낌새를 느끼게 한다는 의미로 쓰였다.

이에 제북왕濟北王은① 천자가 장차 봉선封禪을 거행할 것으로 여기고 글을 올려 태산泰山과 그 부근의 읍을 헌납하겠다고 말했다. 천자는 이를 받아들이고 다시 다른 현으로 보상했다. 상산왕常山王이② 죄가 있어 옮겼지만 천자는 그의 동생을 진정眞定에③ 봉해 선왕들의 제사를 받들 도록 하고 상산국을 군郡으로 삼았다. 이런 연후에 오악五嶽이④ 모두 천자의 군郡이 되었다.

於是濟北王①以爲天子且封禪 乃上書獻泰山及其旁邑 天子受之 更以他縣償之 常山王②有辠 遷 天子封其弟於眞定③ 以續先王祀 而以常山爲郡 然後五嶽④皆在天子之郡

① 濟北王제북왕

신주 이때의 제북왕은 한고조漢高祖의 아우 유장劉長의 손자인 유호劉胡(재위 서기전 151년~서기전 97년)이다. 아버지 유발劉勃(재위기간 서기전 154년~서기전 152년)의 뒤를 이어 왕에 올랐다.

② 常山王상산왕

신주 한경제의 손자 유발劉勃(재위기간 서기전 114년~서기전 113년)이다. 아버지에 이어 상산왕에 봉해졌으나 죄를 지어 폐위되어서 방릉으로 옮겼다. 아버지 유순劉舜(재위기간 서기전 145년~서기전 114년)은 한 경제의

14번째 아들이다.

③ 眞定진정

신주 진정현眞定縣으로 지금의 하북성 정정正定현 남쪽에 있었다.

④ 五嶽오악

신주 오악은 천자가 제사를 지내는 다섯 산을 의미하는데, 중악中岳과 동서남북에 있는 산을 뜻한다. 《주례》에 "천자는 오악에 제사를 지낸다."고 되어 있으나 오악의 위치를 구체적으로 적시하지는 않았다. 후한의 정현이 《주례》 주석에서 "오악五岳의 동악東岳은 대종岱宗, 남악은 형산衡山, 서악은 화산華山, 북악은 항산恒山, 중악은 숭산嵩山이다."라고 말했다. 현재 남악인 형산을 호남성 형산으로 보고 있지만 《상서대전》은 "형산을 곽산霍山이라고 칭한다."고 했는데, 이때의 남악인 곽산은 안휘성 육안시六安市의 곽산 (대별산)이다. 《한서》〈교사지〉에는 "한선제漢宣帝 신작神爵 원년(서기전 61년)에 오악을 태산泰山, 화산華山, 곽산霍山, 상산常山, 숭산嵩山으로 선포했다."고 기록해서 남악을 곽산으로 보고 있다. 오악의 위치도 후대에 크게 확장된 것이다. 한무제 이후 역대 왕조에서는 오악에 벼슬을 내려서 당나라는 왕으로, 송, 원나라는 제帝로, 명나라는 신神으로 봉했다. 오악은 오행사상에서 나왔으나 중국인들의 방위 개념을 알 수 있는 사료가 된다.

그 이듬해 제齊나라 사람 소옹少翁이① 귀신을 부르는 방술方術
로 천자를 배알했다. 이때 주상이 총애하는 왕부인王夫人이② 있
었는데 부인이 죽자 소옹이 방술方術로 대개 밤에 왕부인과 부
엌 신의 모습을 다다르게 해서 천자가 장막 안에서 바라보게 했
다. 이에 소옹을 문성장군文成將軍으로 제수했으며 매우 많은
재물을 상賞으로 내리고 빈객賓客의 예로써 접대했다.③ 문성장
군이 말했다.
"주상께서 신선神仙과 통하고자 하시지만 궁실과 입는 옷들이
신선들의 모습이 아니기 때문에 신선[神物]이 이르지 않는 것입
니다."
其明年 齊人少翁①以鬼神方見上 上有所幸王夫人② 夫人卒 少翁以
方術蓋夜致王夫人及竈鬼之貌云 天子自帷中望見焉 於是乃拜少翁
爲文成將軍 賞賜甚多 以客禮禮之③ 文成言曰 上卽欲與神通 宮室
被服不象神 神物不至

① 少翁소옹

정의 《한무고사漢武故事》는 "소옹少翁은 나이가 이백 살인데 얼굴색
은 동자童子와 같았다."고 했다.
【正義】 漢武故事云 少翁年二百歲 色如童子

② 王夫人왕부인

서광은 "제회왕齊懷王 굉閎의 어머니이다."라고 했다. 배인이 상고해보니 환담桓譚의 《신론新論》에는 "무제가 총애하는 희姬 왕부인王夫人이 있었는데 요조窈窕에 아름다운 얼굴로써 타고난 것이 정숙하면서도 홀리는 것이 있었다."고 했다.

【集解】 徐廣曰 齊懷王閎之母也 駰案 桓譚新論云武帝有所愛幸姬王夫人 窈窕好容 質性嬽佞

정의 《한서》에는 '이부인李夫人'으로 되어 있다.

③ 以客禮禮之이객례예지

신주 매우 귀한 손님으로 예우함을 말한다. 즉 빈례이다. 옛날에는 나라에서 행하는 오례五禮가 있었는데, 길례吉禮(제례), 흉례凶禮(상례), 군례軍禮(군진의 예), 빈례賓禮(손님을 대접하는 예), 가례嘉禮(관혼의 예)가 있었다.

이에 운기차雲氣車를 그려서① 만들게 하고 각각 승일勝日에② 어가를 운용해 악귀惡鬼를 물리치게 했다. 또 감천궁甘川宮을 지어서 그 안에 대실臺室을 두고 천일신天一神, 지일신地一神, 태일신太一神 등 여러 신들의 형상과 제구祭具를 설치해서 천신天神을 불렀다. 한 해 남짓 지나자 그의 방술은 점점 쇠약해져 신선神仙이 이르지 않았다. 이에 그는 비단에 글을 써서 소에게 먹이고③ 거짓으로 모르는 체하며 이 소의 뱃속에 기이한 것이 있다고 했다. 이에 소를 죽여서 살펴보고 글을 얻었는데 글의 말이 괴이해서 천자가 이를 의심했다. 그의 서체를 알고 있는 자가 있어서 그 사람에게 물으니 과연 거짓으로 쓴 글이었다. 이에 문성장군을④ 죽이고 이를 숨겼다.

乃作畵雲氣車① 及各以勝日②駕車辟惡鬼 又作甘泉宮 中爲臺室 畵天 地 泰一諸神 而置祭具以致天神 居歲餘 其方益衰 神不至 乃爲帛書以飯牛③ 詳弗知也 言此牛腹中有奇 殺而視之 得書 書言其怪 天子疑之 有識其手書 問之人 果(爲)[僞]書 於是誅文成將軍④而隱之

① 畵雲氣車화운기거

신주　오색의 운기를 그려서 수레를 5행五行으로 표시한 것이다. 청색은 목木, 적색은 화火, 황색은 토土, 백색은 금金, 흑색은 수水가 된다.

② 勝日승일

집해 《한서음의》에 "불이 금을 이기려면 병丙일과 정丁일은 사용하고 경庚일과 신辛일은 사용하지 않는 것과 같다."고 했다.

【集解】 漢書音義曰 如火勝金 用丙與丁日 不用庚辛

신주 오행설五行說에서 목극토木克土, 토극수土克水, 수극화水克火, 화극금火克金, 금극목金克木가 되는 5일五日을 가리키는 것이다.

③ 帛書以飯牛백서이반우

정의 반飯은 발음이 '반[房晩反]'이다. 비단에 괴이한 말을 써서 소에게 먹인 것이다.

【正義】 飯 房晩反 書絹帛上爲怪言語 以飼牛

④ 文成將軍문성장군

정의 《한무고사漢武故事》에는 "문성文成을 처형한 지 한 달 남짓 되어 사신이 재화를 구실로 관동에서 돌아오다가 조정漕亭에서 그를 만났는데 돌아와서 문성을 보았다고 말하자 무제가 의심해서 그의 관을 열어 보니 보이는 것이 없었고 오직 죽통竹筒 한 매枚만 남아 있었다. 사신을 체포해서 징험하려 하는 사이에 종적을 감추었다."고 했다.

【正義】 漢武故事云 文成誅月餘 有使者藉貨關東還 逢之於漕亭 還見言之

上乃疑 發其棺 無所見 唯有竹筒一枚 捕驗閇無蹤跡也

그 후에 또 백량대栢梁臺와[1] 동주銅柱와 승로선인장承露僊人掌[2]
등의 것들을 만들었다.
其後則又作柏梁[1] 銅柱 承露僊人掌[2]之屬矣

① 柏梁백량

색은   복건은 "용량백두用梁百頭이다."라고 했다. 상고해보니 지금의
글자는 모두 '백栢' 자로 되어 있다.《삼보고사三輔故事》에는 "백량대栢
梁臺의 높이는 20장丈으로서 향백香栢을 사용해 전전殿을 만들었는데 향
기를 10리까지 맡을 수 있었다."고 했다.
【索隱】 服虔云 用梁百頭 按 今字皆作 栢 三輔故事云 臺高二十丈 用香栢
爲殿 香聞十里

② 銅柱承露僊人掌동주승로선인장

집해   소림은 "선인仙人이 손바닥으로 쟁반을 들고 감로甘露를 받는
다."고 했다.
【集解】 蘇林曰 仙人以手掌擎盤承甘露也

《삼보고사三輔故事》에는 "건장궁建章宮의 승로반承露盤의 높이
는 30장丈이고 크기는 일곱 아름[圍]인데 동銅으로 만들었다. 위에는
선인仙人이 있어서 손바닥에 이슬을 받아서 옥玉 가루를 타서 마신다."
고 했다. 그래서 〈장형부張衡賦〉에 "입수경지선장立脩莖之僊掌 승운표지
청로承雲表之淸露'라고 했는데, 이것이다."라고 했다.

【索隱】 三輔故事曰 建章宮承露盤高三十丈 大七圍 以銅爲之 上有仙人掌
承露 和玉屑飮之 故張衡賦曰 立脩莖之仙掌 承雲表之淸露 是也

수궁에 신군을 두다

문성장군文成將軍이 죽은 다음해 무제[天子]가 정호궁鼎湖宮에서① 병이 심해져 무의巫醫가 쓰지 않은 방술이 없었지만 병이 낫지 않았다. 유수현游水縣의 발근發根이라는② 사람이 이에 말했다.

"상군上郡에 무속인이 있는데 병이 이르면 귀신을 내리게 한다고 했습니다."

무제가 불러 감천궁甘泉宮에서 제사 지내게 했다. 무당에게 병이 이르자 사람을 시켜 신군神君에게③ 묻게 했다. 신군이 말했다.

"천자께서는 병을 걱정하지 마십시오. 병이 조금이라도 나으면 힘을 쓰시어 저와 감천궁에서 만나 주십시오."

이에 병이 나아서 감천궁으로 나아가니 병이 말끔히 나았다.④

文成死明年 天子病鼎湖① 甚 巫醫無所不致 (至)不愈 游水發根② 乃言曰上郡有巫 病而鬼下之 上召置祠之甘泉 及病 使人問神君③ 神君言曰天子毋憂病 病少愈 强與我會甘泉 於是病愈 逐幸甘泉 病良已④

① 鼎湖정호

진작은 "호현湖縣에 있다."고 했다. 위소는 "지명인데 의춘宜春에 가깝다."고 했다.

【集解】 晉灼曰 在湖縣 韋昭曰 地名 近宜春

상고해보니 정호鼎湖는 현縣 이름으로서 경조京兆에 속했다가 뒤에는 홍농弘農에 속했다. 옛날 황제가 수양산首陽山에서 동銅을 캐서 정鼎을 호湖에서 주조했기 때문에 정호鼎湖라고 한 것인데, 곧 지금의 호성현湖城縣이다. 그래서 위소가 의춘宜春에 가깝다고 한 것 또한 사실과 거리가 먼 것이다.

【索隱】 案 鼎湖 縣名 屬京兆 後屬弘農 昔黃帝採首陽山銅鑄鼎於湖 曰鼎湖 即今之湖城縣也 韋昭云以爲近宜春 亦甚疏也

② 游水發根유수발근

복건은 "유수游水는 현縣 이름이다. 발근發根은 사람의 성명이다."라고 했다. 진작은 〈지리지〉에 "유수游水는 수명水名인데 임회臨淮의 회포淮浦에 있다."고 했다.

【集解】 服虔曰 游水 縣名 發根 人名姓 晉灼曰 地理志游水 水名 在臨淮淮浦也

안사고는 "유수游水는 성姓이고 발근發根은 이름이다. 대개 어떤 이는 물 이름을 따라서 성씨로 삼았다.”고 했다. 복건도 발근發根은 사람의 성姓과 자字라고 했다. 어떤 이는 나무뿌리가 드러난 것이라고 했다.

【索隱】 顏師古以游水姓 發根名 蓋或因水爲姓 服虔亦曰發根 人姓字 或曰發樹根者也

③ 神君신군

집해 위소는 “무속인에게 병이 이르러 내려온 신神이다.”라고 했다.

【集解】 韋昭曰 卽病巫之神

④ 良已양이

집해 맹강은 “양이良已는 선이善已의 뜻으로써 유愈(낫다)와 같다.”고 했다.

【集解】 孟康曰 良已 善已 謂愈也

천하에 대사면령을 내리고 수궁壽宮에① 신군을 두게 했다. 신군에서 가장 존귀한 자는 태일신이니 그 곳의 속관屬官에게 '대금大禁과② 사명司命의③ 무리도 모두 그를 모시게 해야 한다'고 말했다. 그의 모습은 볼 수 없었으나 그 음성이 들렸는데 사람과 더불어 말하는 듯 했다. 때로는 갔다가 때로는 돌아오는데 올 때는 바람이 잦아들어 고요했다. 궁실의 장막 안에서 살았고, 때로는 낮에도 말을 하지만 통상 밤에 하여 천자는 불제祓祭를 올린 뒤에야 들어갔다.④

大赦天下 置壽宮① 神君 神君最貴者(大夫)[太一] 其佐曰大禁② 司命③ 之屬 皆從之 非可得見 聞其音 與人言等 時去時來 來則風肅然也 居室帷中 時晝言 然常以夜 天子祓④ 然后入

① 壽宮수궁

集解 복건은 "이 편궁便宮을 세웠다."고 했다. 신찬은 "궁宮은 신神을 받드는 궁이다. 그래서 《초사楚辭》에 '수궁에 영혼을 안치하다.[蹇將澹兮壽宮]'라고 한 것이다."고 했다.

【集解】 服虔曰 立此便宮也 瓚曰 宮 奉神之宮也 楚辭曰 蹇將澹兮壽宮

② 大禁대금

신명神名이다.

③ 司命사명

신명神名이다. 인간의 선악을 감찰하는 신이다.

④ 祓불

집해 《한서음의》에 "깨끗한 것을 높여서 스스로 재액을 털어버린 후에 들어가는 것이다."라고 했다.

【集解】 漢書音義曰 崇絜 自祓除然後入

이로 인하여 무속인이 주인이 되어 음식을 관계하게 했으며, 하고자 하는 일은 아래에서 행하도록 했다.① 또 수궁壽宮과 북궁 北宮을② 두어 깃털로 만든 깃발을③ 세우고서 제구祭具들을 받들어 진설陳設하고 신군神君에게 예의로 대했다.

因巫爲主人 關飲食 所欲者言行下① 又置壽宮 北宮② 張羽旗③ 設供 具 以禮神君

---

① 所欲者言行下소욕자언행하

집해 이기는 "신神이 말하고자 하는 바가 있으면 상이 문득 아래에게 행하게 했다."고 말했다.

【集解】 李奇曰 神所欲言 上輒為下之

② 壽宮北宮수궁북궁

정의 《괄지지》에는 "수궁壽宮과 북궁北宮은 모두 옹주 장안현長安縣 서북쪽 30리 장안 고성 안에 있다."고 했다. 《한서》에는 "무제武帝의 수궁壽宮은 신군神君이 거처했다."고 말했다.

【正義】 括地志云 壽宮 北宮皆在雍州長安縣西北三十里長安故城中 漢書云 武帝壽宮以處神君

③ 羽旗우기

신주 중국 고대에 오색의 새 깃털을 깃봉에 장식한 정기旌旗를 말한다. 전쟁에 나갈 때, 장례를 치를 때, 굿하는 곳 등에서 상징으로 썼다.

신군이 말한 것은 주상이 사람을 시켜서 그 말을 받아쓰게 하고 그것을 명명命名하여 '획법畫法^①'이라고 했다. 그 신군이 말하는 것은 세상에서 모두 알고 특별히 별다른 게 없는 것들이었지만 천자는 홀로 기뻐했다. 그 일은 비밀에 부쳐 세상 사람들이 알지 못했다.

神君所言 上使人受書其言 命之曰 畫法^① 其所語 世俗之所知也 毋

絕殊者 而天子獨喜 其事祕 世莫知也

① 畫法획법

집해 《한서음의》에 "어떤 이는 책획策畫하게 하는 법이다.'라고 했다.

【集解】 漢書音義曰 或云 策畫之法也

정의 획畫은 '획獲'으로 발음한다. 상고해보니 획일지법畫一之法이었다.

【正義】 畫音獲 案 畫一之法

그 3년 후에 담당 관리가 원년元年은 마땅히 하늘이 주는 상서

로운 명命이니 1, 2라는 숫자로[①] 하는 것은 마땅하지 않다고 아

뢰었다. 이에 첫 번째 연호는 건원建元이라고 했고, 두 번째 연호

는 혜성이 나타났다고 원광元光이라고 했으며, 세 번째의 연호는

교제郊祭 때 일각수一角獸를 얻어서 원수元狩라고[②] 했다고 했다.

其後三年 有司言元宜以天瑞命 不宜以一二數[①] 一元曰建元 二元以

長星曰元光 三元以郊得一角獸曰元狩[②]云

① 一二數일이수

【집해】 소림은 "원년은 황룡黃龍과 봉황鳳凰처럼 여러 상서로운 것들을

얻었을 때 그 해의 이름을 짓는 것이다."라고 했다.

【集解】 蘇林曰 得黃龍鳳皇諸瑞 以名年

【정의】 효경제 이전에 즉위해 1, 2년 만에 마치는 것을 이른 것이다.

무제가 즉위 처음에는 연호年號를 두었다가 원년을 고쳐서 건원建元을

시작으로 삼은 것이다.

【正義】 孝景以前即位 以一二數年至其終 武帝即位 初有年號 改元以建元

爲始

② 元狩원수

서광은 "모든 기록을 상고해보니 원광元光 뒤에는 원삭元朔이 있고 원삭 뒤에는 원수元狩를 얻었다."고 했다.

【集解】 徐廣曰 案諸紀元光後有元朔 元朔後得元狩

신주 한무제 이전의 제왕들은 연수年數만 있고, 연호年號가 없었는데 무제가 연호를 만들었다. 무제의 연호는 건원建元(서기전 140년~서기전 135년), 원광元光(서기전 134년~서기전 129년), 원삭元朔(서기전 128년~서기전 123년), 원수元狩(서기전 122년~서기전 117년) 등이다.

그 다음해 겨울에 천자가 옹雍 땅에서 교제郊祭를 지낼 때 의논하여 말했다.

"지금 상제上帝께는 짐이 몸소 교제郊祭를 지냈으나 후토后土에는 제사를 지내지 않았으니 예에 맞지 않는 것이다."

담당 관리가 태사공太史公(사마담),① 사관祠官, 관서寬舒 등과 함께 의논해서 아뢰었다.

"하늘과 땅에 바치는 희생의 뿔은 누에고치나 밤톨 같아야 합니다.② 지금 폐하께서 친히 후토신后土神께 제사를 지내시려는데, 후토신의 제사는 마땅히 연못 안 원구圜丘에 다섯 개의 제단祭壇을 만들고 해야 합니다. 제단祭壇마다 누런 송아지 한 마리로 태뢰太牢를 갖추고 제사를 마친 후에는 모두 땅에 묻어야 하며, 제사에 참여하는 자는 황색 옷을 입어야 합니다."

其明年冬 天子郊雍 議曰 今上帝朕親郊 而後土毋祀 則禮不答也 有司與太史公① 祠官寬舒等議 天地牲角繭栗② 今陛下親祀后土 后土宜於澤中圜丘爲五壇 壇一黃犢太牢具 已祠盡瘞 而從祠衣上黃

① 太史公태사공

집해 위소는 "설명한 자가 사마담談을 태사공으로 여긴 것은 잘못이다. 《사기》에 사마천을 일컬어 태사공太史公이라고 한 것은 외손外孫인 양운楊惲이 일컬은 것이다."라고 했다.

【集解】 韋昭曰 說者以談爲太史公 失之矣 史記稱遷爲太史公者 是外孫楊
惲所稱

색은 위소는 "사마담은 사마천의 아버지다. 설명한 자가 담談으로 태
사공을 삼은 것은 잘못이다."라고 했다. 《사기》에서 태사공이라고 많이
일컬은 것은 사마천의 외손인 양운이 칭한 것이다. 요찰姚察이 상고해보
니 사마천의 전傳에도 사마담을 태사공이라고 한 것은 양운이 덧붙인
것은 아닐 것이다. 또 상고해보니 우희虞喜의 《지림志林》에 "옛날 천관을
주관하는 자는 모두 상공上公이었다. 주나라에서 한나라에 이르기까지
그 직이 옮겨져 낮아졌다. 그러나 조회 때 자리는 오히려 공공의 위에 거
해서 하늘을 높이는 도로 삼았고 그 관속은 옛 명칭을 따라 공이라고
높여서 일컬었으니 공이란 명칭은 마땅히 이곳에서 일어났다."고 했다.
　그래서 여순은 "태사공은 지위가 승상 위에 있으니 천하에서 군국郡
國의 회계는 먼저 태사공에게 올리고 다음에 승상에게 올린다."고 했으
니 그 의의가 이러한 것이다. 환담桓譚의 《신론新論》에는 태사공이 역사
서書를 작성했는데 책이 완성되자 동방삭東方朔에게 보였다. 동방삭이
공평하게 바로잡았다[平定]고 하면서 그 아래에 서명했다. 태사공이란
것은 모두 동방삭이 가필한 것이라고 했다.

【索隱】 韋昭云談 司馬遷之父也 說者以談爲太史公 失之矣 史記多稱太史
公 遷外孫楊惲稱之也 姚察按 遷傳亦以談爲太史公 非惲所加 又按 虞喜志
林云 古者主天官皆上公 自周至漢 其職轉卑 然朝會坐位猶居公上 尊天之
道 其官屬仍以舊名 尊而稱公 公名當起於此 故如淳云 太史公位在丞相上
天下郡國計書先上太史公 副上丞相 其義是也 而桓譚新論以爲太史公造書

書成示東方朔 朔爲平定 因署其下 太史公者 皆朔所加之者也

② 天地牲角繭栗 천지생각견율

신주 송아지를 가리킨다. 즉 뿔이 누에고치나 밤톨의 크기만큼 자란 소를 말하는 것이다.

이에 천자가 동쪽으로 나아가서 처음으로 후토사后土祠를 분음 수汾陰脽 위에[①] 세우고 관서寬舒 등의 의견과 같게 했다. 황제가 친히 망배望拜를[②] 올림에 상제上帝에게 제사할 때의 예와 같았 다. 예를 마치자 천자는 형양滎陽에 이르렀다가 장안으로 돌아 왔다. 돌아올 때 낙양을 지나면서 조서를 내려서 말했다.

"하夏, 은殷, 주周 3대의 후사가 끊긴 지 오래 되어 그 후사를 보존하기가 어려우니 그 지역의 삼십 리 땅을 주周나라 후예에 게 봉해 주자남군周子南君으로[③] 삼아서 선왕들의 제사를 받들 도록 하라." 이 해 천자가 처음으로 군현郡縣을 순수하며 시나브 로 태산泰山에까지 이르고자 하였다.[④]

於是天子遂東 始立后土祠汾陰脽上[①] 如寬舒等議 上親望拜[②] 如上 帝禮 禮畢 天子遂至滎陽而還 過雒陽 下詔曰 三代邈絶 遠矣難存 其 以三十里地封周後爲周子南君[③] 以奉先王祀焉 是歲 天子始巡郡縣 侵尋於泰山矣[④]

① 汾陰脽上분음수상

집해 서광은 "원정元鼎 4년(서기전 113년) 때이다."라고 했다. 배인이 상고해보니 소림蘇林은 "脽는 '수誰'로 발음한다."고 했다. 여순은 "하수河水의 동쪽 언덕에 독특한 흙무더기 굴이 있는데 길이가 4~5리이고 넓이는 2리 남짓이며 높이는 10여 장丈이다. 분음현汾陰縣은 수脽의 위에 있고 후토사后土祠는 현의 서쪽에 있다. 분汾은 수脽의 북쪽에 있고 서쪽으로 흘러서 하河와 합한다."고 했다.

【集解】 徐廣曰 元鼎四年時也 駰案 蘇林曰 脽音誰 如淳曰 河之東岸特堆堀 長四五里 廣二里餘 高十餘丈 汾陰縣在脽之上 后土祠在縣西 汾在脽之北 西流與河合也

색은 脽는 구丘(언덕)인데 발음은 '수誰'이다. 《한구의漢舊儀》에도 '규구葵丘'라고 되어 있으니 대개 하동河東 사람들이 '수誰' 자와 '규葵'를 같게 여기는 까닭이라고 했다.

【索隱】 脽 丘 音誰 漢舊儀作 葵丘者 蓋河東人呼誰與葵同故耳

② 望拜망배

신주 신이 있는 먼 곳을 향해 바라보며 절을 올리는 제사 의식을 말한다.

③ 周子南君주자남군

무제가 서기전 113년에 주나라 왕실의 후예 희가姬嘉를 주자남군으로 봉한 후 희치姬置, 희당姬當을 거쳐 서진西晉(서기 265년~서기 316년) 말기 일어난 영가永嘉의 난亂까지 이어졌다.

④ *侵尋於泰山矣*침심어태산의

진작은 "드디어 가려는 뜻이 있었다."라고 했다.
【集解】 晉灼曰 逐往之意也

침심侵尋(점점 앞으로 나아가는 것)은 곧 침음浸淫(점점 젖어 들어감)이다. 그래서 진작은 "드디어 가려는 뜻이 있었다."라고 했다. 소안小顔은 "차츰차츰 배어 점점 물들어간다는 뜻이다."라고 했다. 대개 심尋과 음淫은 소리가 서로 가까워 가차해서 쓴 것이다. 안사고의 숙부叔父 안유진顔游秦도《한서》를 해설했기 때문에 안사고를 소안小顔이라고 칭한다.
【索隱】 侵尋卽侵淫也 故晉灼云 逐往之意也 小顔云 浸淫漸染之義 蓋尋淫聲相近 假借用耳 師古叔父游秦亦解漢書 故稱師古爲小顔也

안지추顔之推는 장자 안사로顔思魯, 차자 안민초顔愍楚, 삼자 안유진顔游秦의 세 아들이 있었다. 안사고(서기 581년~서기 645년)는 안사로의 아들이다. 숙부 안유진도《한서결의漢書抉疑》를 저술한 역사가이다.

그해 봄, 낙성후樂成侯가① 글을 올려 난대欒大를② 소개했다. 난대欒大는 교동왕膠東王의 궁인宮人으로서③ 예전에 일찍이 문성장군文成將軍과 같은 스승 밑에서 공부하다가 교동왕의 상방尙方(의원)이 되었다. 낙성후의 누이는 교동 강왕康王의 왕후가④ 되었으나 자식이 없었다. 강왕이 죽자 다른 후궁[姬]의 아들을 세워 왕으로 옹립했다. 그런데 강후가 음란하게 행동해서 새 왕과 서로 맞지 않아 서로 법술로써 위태롭게 했다. 강후는 문성장군이 이미 죽었다는 소식을 듣고 스스로 황제에게 아첨하려고 난대를 보내 낙성후를 통해서 찾아뵙게 하고 방술에 대해 말하게 했다. 천자는 문성장군을 이미 죽였지만 그 뒤 그를 일찍 죽인 것을 후회하고 그의 방술을 다 써보지 못한 것을 애석하게 여기고 있었던 차였다. 이때 난대를 만나자 크게 기뻐했다.

其春 樂成侯①上書言欒大 欒大② 膠東宮人③ 故嘗與文成將軍同師 已而爲膠東王尙方 而樂成侯姊爲康王后④ 母子 康王死 他姬子立爲王 而康后有淫行 與王不相中(得) 相危以法 康后聞文成已死 而欲自媚於上 乃遣欒大因樂成侯求見言方 天子既誅文成 後悔恨其早死 惜其方不盡 及見欒大 大悅

① 樂成侯낙성후

집해　서광은 "성은 정丁이고 이름은 의義이다. 뒤에 난대欒大와 함께 처단되었다."고 했다.

【集解】 徐廣曰 姓丁 名義 後與欒大俱誅也

색은 위소는 "하간현河間縣 사람이다."라고 했다. 상고해보니 《교사지郊祀志》에는 "악성후 등登이다."라고 하였고 서광은 표表에 의거하여 "성은 정丁이고 이름은 의義인데 자세하지 않다."고 했다.

【索隱】 韋昭云 河閒縣 按 郊祀志樂成侯登 而徐廣據表姓丁名義 未詳

② 欒大난대

신주 난대(?~서기전 112년)는 전한 무제 때 방사로 교동군(지금의 산동성 평도현 동남쪽) 사람이다. 같은 문하에서 이소웅과 방술을 배웠다.

③ 膠東宮人교동궁인

집해 복건은 "왕가인王家人이다."라고 했다.

【集解】 服虔曰 王家人

④ 康王后강왕후

집해 맹강은 "교동왕후膠東王后이다."라고 했다.

【集解】 孟康曰 膠東王后也

난대는 인물이 훤칠하고 말에는 방략이 다양해서 감히 당당하게 말하고서 처신함에 두려워하지 않았다. 그는 당당하게 말했다.

"신은 일찍이 바다 속을 왕래하면서 안기생安期生과 선문고羨門高의① 무리들을 만났습니다. 그들은 신臣을 돌아보고는 천하다고 여기고 신臣을 믿지 않았습니다. 또 강왕康王은 제후에 지나지 않을 뿐이어서 저의 방술을 전해 주기에 부족하다는 생각이 들었습니다. 신이 자주 강왕에게 말했는데 강왕은 또 신을 등용하지 않았습니다. 신의 스승께서는 '황금을 만들 수 있고 황하의 터진 둑도 막을 수 있으며 불사약不死藥도 얻을 수 있고 선인仙人도 이르게 할 수 있다.'고 말씀하셨습니다. 그러나 신도 문성장군을 본받을까봐 두렵습니다.② 그런즉 방사들이 모두 입을 닫았으니 어찌 감히 방술을 말하겠습니까?"

주상이 말했다.

"문성장군은 말의 간을 먹고 죽었을 뿐이다. 그대가 진실로 그 방술을 행할 수 있다면 내가 무엇을 아끼겠는가?"

大爲人長美 言多方略 而敢爲大言 處之不疑 大言曰 臣嘗往來海中
見安期 羨門①之屬 顧以爲臣賤 不信臣 又以爲康王諸侯耳 不足予
方 臣數言康王 康王又不用臣 臣之師曰 黃金可成 而河決可塞 不死
之藥可得 僊人可致也 臣恐效文成② 則方士皆掩口 惡敢言方哉 上
曰 文成食馬肝死耳 子誠能脩其方 我何愛乎

① 安期羨門안기선문

색은 위소는 "선인仙人이다."라고 했다. 응소는 "이름은 자교子喬이다."라고 했다.

【索隱】 韋昭云 仙人 應劭云 名子喬

② 臣恐效文成신공효문성

신주 문성장군 이소옹은 방술이 쇠약해져 신선神仙이 이르지 않자 거짓으로 비단에 글을 써서 소에게 먹이고 이 소의 뱃속에 기이한 것이 있다고 한 것이 발각되어 무제에게 죽임을 당했다.

난대가 말했다.

"신의 스승께서는 사람을 찾아 가는 것이 아니라 사람들이 그를 찾아오게 합니다. 폐하께서 반드시 신선을 이르게 하시려면 그의 사자使者를 귀하게 여기셔서 친척으로 두시되 객례客禮로 대우하시고 낮게 여기지 마셔야 합니다.[1] 그들에게 각각 신인信印을 차게 해서 사신을 통해서만 신인神人과 말을 하게 해야 합니다. 그러나 신인이 즐겁게 여길 것인지 그렇지 않을 것인지는 잘 모르겠습니다. 그의 사신을 존중해서 이르게 한 연후에야 신인을 이르게 할 수 있을 것입니다."

이에 주상께서 우선 작은 방술이라도 증험해 보이라고 시켰다. 난대는 바둑판 위에 바둑돌을 올려놓고[2] 바둑돌이 서로 싸워 밀어내게도 하고 서로 붙게도 하는 것을 보여주었다.

大曰 臣師非有求人 人者求之 陛下必欲致之 則貴其使者 令有親屬 以客禮待之 勿卑[1] 使各佩其信印 乃可使通言於神人 神人尚肯邪不 邪 致尊其使 然後可致也 於是上使先驗小方 鬪旗[2] 旗自相觸擊

① 以客禮待之勿卑이객례대지물비

신주 여기에서 객례客禮란 '조정에서 천자 빈객을 직접 맞이하는 말'이다. 오늘날 그 나라의 원수元首가 다른 나라에서 온 특사를 맞이하는 예와 같다고 하겠다.

② 鬪旗투기

정의 기旗는 '기其'로 발음한다. 본문本文은 혹 '기棊(바둑)'로 되어 있다. 《설문》에는 "기棊는 박기博棊(바둑)이다."라고 했다. 고유高誘는 《회남자》의 주석에서 "닭의 피를 취해 바늘과 함께 갈고 찧어 자석磁石과 함께 바둑돌머리에 바르고 햇볕에 말려 바둑판 위에 놓아두면 곧 서로 겨루는 것을 그치지 않는다."라고 했다.

【正義】 音其 文本或作棊 說文云 棊 博棊也 高誘注淮南子云 取雞血與針 磨擣之 以和磁石 用塗碁頭曝乾之 置局上 即相拒不止也

신주 《고이考異》에는 "〈봉선서封禪書〉〈교사지郊祀志〉에 모두 '기棊' 로 되어 있다."고 했다.

난대欒大를 오리장군五利將軍으로 삼다

이때 황제는 황하가 터질까 걱정도 되었고 황금도 만들지 못해서[1]
곧 난대欒大를 제수해 오리장군五利將軍으로 삼았다. 한 달 남짓
되어 4개의 금인金印을[2] 얻고 천사장군天士將軍, 지사장군地士將
軍, 대통장군大通將軍, 천도장군天道將軍의[3] 인印을 찼다. 황제가
어사御史에게 조서를 내려 말했다.

"옛날 우禹임금은 구강九江을 소통시키고 사독四瀆을[4] 개통했
다.[5] 그런데 요사이 하수河水(황하)가 높은 곳까지 넘쳐서 제방을
쌓는 요역이 그치지 않았다.[6] 짐이 천하에 군림한 지 이십 팔년
으로 하늘이 만약 짐에게 방사方士를 보낸 것이라면 난대는 하늘
과 뜻이 통할 것이다.[7] '주역周易'의 건괘乾卦에 '비룡蜚龍' 점괘에
'홍점우반鴻漸于般'을[8] 일컬은 것은 이[난대]와 함께 하기를 바라
는 뜻이로다. 그래서 이천호二千戶 지사장군地士將軍 난대欒大를
낙통후樂通侯에[9] 봉하노라."

是時上方憂河決 而黃金不就① 乃拜大爲五利將軍 居月餘 得四金印②
佩天士將軍 地土將軍 大通將軍 天道將軍③印 制詔御史 昔禹疏九
江 決四瀆④⑤ 閒者河溢皋陸 隄繇不息⑥ 朕臨天下二十有八年 天若
遺朕士而大通⑦焉 乾稱 蜚龍 鴻漸于般⑧ 意庶幾與焉 其以二千戶封
地士將軍大爲樂通侯⑨

① 黃金不就황금불취

[집해] 단사丹砂와 납과 주석을 단련鍛鍊해서 황금을 만들려 했는데
성공하지 못했다.
【正義】 鍊丹砂鉛錫爲黃金不就

② 金印금인

[신주] 관리들의 인장으로 그 사람의 신분을 나타낸다. 황제로부터 하
사받아 허리에 차고 다녔다고 한다.

③ 天士將軍~天道將軍천사장군~천도장군

[신주] 한나라 관명이며 장군의 칭호이다. 무제는 방사 난대를 위해 원
정 4년(서기전 113년)에 특별히 설치하여 제수했다.

④ 四瀆사독

신주 사독은 《이아》〈석수釋水〉에 처음 보인다. 황하, 회수淮水, 제수濟水, 강수江水가 바다로 들어가는 지역을 말한다. 당나라 때는 회수를 동독東瀆, 황하를 서독西瀆, 강수江水를 남독南瀆, 제수를 북독北瀆이라고 불렀는데, 각각 하신河神이 있다고 믿었다. 고대의 사독은 방위개념이 뚜렷하지 않는데 후대에 내려오면서 방위개념이 추가되어 강수가 양자강으로 변했다.

⑤ 昔禹疏九江決四瀆석우소구강결사독

신주 《맹자》〈등문공 상〉 편에 "우임금은 구하九河를 소통케 하고, 제濟와 탑漯의 물길을 터 바다로 흘러가게 하였다. 여汝와 한漢의 물길을 트고, 회淮와 사泗의 물을 배수하여 강長江에 흘러들게 하고 난 뒤에야 나라 안에는 먹을 것을 구하여 먹을 수 있었다. 이 시대에 우임금은 8년을 밖에 있었는데 그 문을 세 번 지나도 들어 올 수 없었으니 비록 밭을 갈 고자 한들 할 수 있었겠는가?"라고 하였다. 이를 인용하여 말한 듯하다.

⑥ 隄繇不息제요불식

정의 안사고는 "고皋는 물가의 언덕이다. 넓고 평평한 것[廣平]은 육陸이다. 물이 크게 넘쳐흘러서 언덕부터 육지까지 이르렀기 때문에 제

방을 만들어 쌓느라고 요역이 매우 많아 휴식을 하지 못하는 것을 말한
다."라고 했다.

【正義】 顔師古云 皋 水旁地也 廣平曰陸 言水大汎溢 自皋及陸 而築作堤
傜役甚多 不暇休息

⑦ 大通대통

|집해| 위소는 "난대欒大가 하늘의 뜻과 통할 수 있어서 낙통樂通에
봉했다고 말한 것이다."라고 했다.

【集解】 韋昭曰 言欒大能通天意 故封樂通

|색은| 위소는 "난대가 능히 하늘의 뜻과 통할 수 있어서 낙통樂通에
봉했다고 말한 것이다."라고 했다. 낙통樂通은 임회臨淮의 고평현高平縣
에 있다.

【索隱】 韋昭云 言大能通天意 故封之樂通 樂通在臨淮高平縣也

⑧ 乾稱蜚龍鴻漸于般건칭비룡홍점우반

|집해| 배인이 상고해보니《한서음의漢書音義》에 "반般은 물가의 '퇴
堆(언덕)'이다. 점漸은 나아가는 것[進]이다."라고 했다. 무제가 이르기를
"난대欒大가 기러기처럼 물가의 언덕으로 날아가 한 번에 1,000리를
가는 도를 얻었으니 비룡飛龍이 하늘에 있는 것과 같다."고 했다.

【集解】 駰案 漢書音義曰 般 水涯堆也 漸 進也 武帝云得欒大如鴻進于般

一舉千里 得道若飛龍在天

건乾은 《주역》의 건괘이다. 비룡蜚龍은 비룡飛龍이다. 홍점우반
鴻漸于盤은 《주역》 점괘漸卦의 괘사이다.

⑨ 樂通侯낙통후

집해 　위소는 "낙통樂通은 임회臨淮 고평高平에 있다."고 했다.
【集解】　韋昭曰 樂通 臨淮高平也

또 난대에게 열후로서 최고의 저택[甲第]과① 일천 명의 노복을 주었다. 황제가 사용하지 않는 수레와 말과② 장막과 기물들을 난대의 집에 가득 보내 주었다. 또 위황후衛皇后가 낳은 장공주長公主를③ 그의 아내로 삼아주고 황금 1만 근을 싸주었고 이름을 그 고을 명으로 바꾸어 '당리공주當利公主'④라고 했다. 천자가 직접 오리장군의 저택을 방문하기도 했으며 사자使者들이 문안드리고 선물을 바치려고 길에 길게 이어졌다. 대장공주大長公主와⑤ 장상將相 이하의 벼슬아치들도 모두 그들 집에서 간직하고 있던 술을 그에게 헌납했다. 천자는 또 '천도장군天道將軍'이라고 옥인玉印을 새겨서 우의羽衣를⑥ 입은 사신을 보내 밤에 백모白茅 위에 서서 주게 했는데, 오리장군 또한 우의를 입고 백모 위에 서서 옥인을 받아 황제의 신하가 아님을 보여주었다.⑦

賜列侯甲第① 僮千人 乘輿斥車馬②帷帳器物以充其家 又以衛長公主③妻之 齎金萬斤 更名其邑曰當利公主④ 天子親如五利之第 使者存問所給 連屬於道 自大主⑤將相以下 皆置酒其家 獻遺之 於是天子又刻玉印曰 天道將軍 使使衣羽衣⑥ 夜立白茅上 五利將軍亦衣羽衣 立白茅上受印 以示弗臣也⑦

① 甲第갑제

집해 《한서음의》에 "갑甲과 을乙의 저택의 순서가 있다. 그래서 제第

(차례)라고 한다."라고 했다.

【集解】 漢書音義曰 有甲乙第次 故曰第

② 乘輿斥車馬승여척거마

집해 《한서음의》에는 "어떤 이는 척斥은 사용하지 않는다는 뜻이다."라고 했다. 위소는 "일찍이 복어服御(천자의 의복 거마)에 있었다."라고 했다.

【集解】 漢書音義曰 或云 斥不用也 韋昭曰 嘗在服御

색은 맹강孟康은 "척斥은 사용하지 않는 거마車馬라고 한 것이 이것이다."라고 했다.

【索隱】 孟康云 斥不用之車馬 是也

③ 衛長公主위장공주

집해 맹강은 "위태자衛太子의 여동생이다."라고 했다. 여순은 "위태자衛太子의 누이이다."라고 했다. 채옹은 "제帝의 딸을 공주公主라고 하는데 의례는 제후에 견준다. 자매姊妹를 장공주長公主라고 하는데 의례는 제후 왕에 비교된다."고 했다. 배인이 상고해보니 이는 제帝의 딸이다. 장공주長公主라고 이르는 것은 자세하지가 않다.

【集解】 孟康曰 衛太子妹 如淳曰 衛太子姊也 蔡邕曰 帝女曰公主 儀比諸侯 姊妹曰長公主 儀比諸侯王 駰案 此帝女也 而云長公主 未詳

④ 當利公主당리공주

집해 〈지리지〉에 동래東萊에 당리현當利縣이 있다고 했다.

【集解】 地理志云 東萊有當利縣

⑤ 大主대주

집해 서광은 "무제武帝의 고모이다."라고 했다. 배인이 상고해보니 위소는 "두태후竇太后의 딸이다."라고 했다.

【集解】 徐廣曰 武帝姑也 駰案 韋昭曰 竇太后之女也

⑥ 羽衣우의

신주 도사道士나 선녀仙女가 입는 새의 깃으로 만든 옷이다.

⑦ 於是天子又刻玉印曰~以示弗臣也어시천자우각옥인왈~이시불신야

신주 고대 중국에서 백모白茅는 더러움을 깨끗이 하는 주술적인 힘이 있다고 여겼다. 그래서 신神에게 공물을 바칠 때, 또는 높은 사람에게 물건을 드릴 때에 띠풀로 만든 자리에 올려놓았다. 또한 사람이 백모白茅의 자리에 선다는 것은 자신을 신에게 바친다는 뜻으로 여겼다.

'천도天道'라는 옥인을 찬 자는 곧 천자를 위해 천신天神을 인도하는 자이다. 이에 오리장군은 늘 밤에 그의 집에서 제사를 지내며 신령이 내려오게 하려고 했다. 하지만 신령은 이르지 않고 백귀百鬼들만 모여 들었는데, 자못 이들을 부리는 데는 능숙했다. 그 후 행장을 꾸려 동쪽 바다로 들어가 자신의 스승을 찾아 떠났다고 이른다. 난대가 황제를 알현한지 수개월 만에 6개의 금인을 참으로써 귀함이 천하를 떨쳤던 때이다. 그래서 연나라와 제나라 사이 바닷가에서 (난대의) 팔을 움켜잡고[1] 스스로 비법의 방술을 말하고 신선을 불러올 수 있다고 하지 않는 자가 없었다고 한다.

而佩天道者 且爲天子道天神也 於是五利常夜祠其家 欲以下神 神未至而百鬼集矣 然頗能使之 其後治裝行 東入海 求其師云 大見數月 佩六印 貴振天下 而海上燕齊之閒 莫不搤捥[1]而自言有禁方 能神僊矣

① 搤捥액완

집해 복건은 "손에 가득한 것이 액搤이다."라고 했다. 신찬은 "액搤은 움켜 잡는다."라고 했다.

【集解】 服虔曰 滿手曰搤 瓚曰 搤 執持也

그해 여름 6월 중 분음汾陰의 무속인 금錦이[1] 백성을 위해 위수魏脽의[2] 후토신后土神에게 제사를 지내다가 곁에서 갈고리 같은 모양을 발견했다. 파내서[3] 정鼎을 얻었는데 살펴보니 정鼎은 다른 여러 정鼎들과 크게 달랐다. 무늬는 새겨져 있었지만 글씨는 새겨져 있지 않았다.[4] 이를 이상하게 여겨 관리에게 말했다. 관리가 하동태수河東太守 승勝에게[5] 고하자 승이 조정에 알렸다. 천자는 사신을 보내 무속인 금錦을 조사하고 심문하게 했는데 정鼎을 얻는 과정에 간사한 계책이 없어 예로써 제사를 지냈다. 정을 맞이해 감천궁甘泉宮으로 가져와 모든 관리들을 수행하고서 황제가 하늘에 제사를 올렸다.[6] 정鼎을 맞이하고 중산中山에[7] 이르렀을 때 날씨가 맑고 따뜻했는데[晏溫][8] 하늘은 황운黃雲이 덮고 있었다. 이때 고라니가 있어서 지나가자 주상이 스스로 활로 쏴서 잡고 이로써 정鼎에 제사 지내겠다고[9] 일렀다. 장안에 이르자 공경대부들이 모두 의논하기를 보정寶鼎을 높일 것을 청했다.

其夏六月中 汾陰巫錦[1]爲民祠魏脽[2]后土營旁 見地如鉤狀 捂視[3]得鼎 鼎大異於衆鼎 文鏤毋款識[4] 怪之 言吏 吏告河東太守勝[5] 勝以聞 天子使使驗問巫錦得鼎無姦詐 乃以禮祠 迎鼎至甘泉 從行 上薦之[6] 至中山[7] 晏溫[8] 有黃雲蓋焉 有麃過 上自射之 因以祭[9]云 至長安 公卿大夫皆議請尊寶鼎

① 錦금

집해 응소는 "금錦은 무속인의 이름이다."라고 했다.
【集解】 應劭曰 錦 巫名

② 魏脽위수

집해 응소는 "위魏는 옛날 위국魏國이다. 수脽는 구丘(언덕)의 종류
와 같다."고 했다.
【集解】 應劭曰 魏 故魏國也 脽 若丘之類

③ 掊視부시

색은 《설문》에 "掊는 포抱(감싸다)이다."라고 했다. 발음은 '부[步溝
切]'이다.
【索隱】 說文 掊 抱也 音步溝切

④ 文鏤毋款識문루무관식

집해 위소는 "관款은 새긴다는 뜻이다."라고 했다.
【集解】 韋昭曰 款 刻也

색은 위소는 "관款은 새긴다는 뜻이다."라고 했다. 상고해보니 식識

은 표식表識과 같은 것이다.

【索隱】 韋昭云 款 刻也 按 識猶表識也

신주 무늬만 새겨져 있고 글자는 새겨져 있지 않았다는 뜻이다.

⑤ 河東郡守勝하동군수승

신주 승勝은 한무제 원정 5년(서기전 112년)에 하동군수로 재임했던 사람으로 성씨는 알 수 없다. 하동군은 삼하三河(하동, 하남, 하북) 중의 하나로 사례교위부司隷校尉部에 속했다. 안읍安邑이 군치郡治였다.

⑥ 從行上薦之종행상천지

【집해】 여순은 "정鼎을 따라서 행차해서 천자가 감천甘泉에 이르러 곧 하늘에 바쳤다."라고 했다.

【集解】 如淳曰 以鼎從行 上至甘泉 將薦之於天也

⑦ 中山중산

【집해】 서광은 《하거서》에는 경수를 중산 서쪽에서부터 팠다."고 했다.

【集解】 徐廣曰 河渠書鑿涇水自中山西

【색은】 이 산은 풍익馮翊 곡구현谷口縣 서쪽 구종산九嵕山 가까이에 있

는데 토인土人들이 중산中山이라고 불렀다.《하거서河渠書》에 한韓나라
에서 수공水工인 정국鄭國을 시켜 진秦나라를 설득하게 해서 중산中山
서쪽부터 경수涇水를 파게 했다고 했는데 곧 이 산이다.

【索隱】 此山在馮翊谷口縣西 近九峻山 土人呼爲中山 河渠書韓使水工鄭
國說秦鑿涇水自中山西 卽此山

⑧ 晏溫안온

집해 여순은 "삼보三輔에서는 해가 나와 맑게 된 것을 안晏이라고
한다. 안晏하고 온溫하다."고 했다.

【集解】 如淳曰 三輔謂日出清濟爲晏 晏而溫也

색은 여순은 "삼보三輔의 풍속에 해가 나와서 맑게 된 것을 안晏이
라고 한다. 안晏(맑다)하고 따뜻하므로 안온晏溫이다."라고 했다. 허신은
서광이《회남자》주석에서 "안晏은 구름이 없는 것이다."라고 했다.

【索隱】 如淳云 三輔俗謂日出清濟爲晏 晏而溫 故曰晏溫 許慎注淮南子云
晏 無雲也

⑨ 因以祭인이제

집해 서광은 "주상의 말에 따라서 이를 하늘에 올렸다고 했는데, 어
떤 이는 정鼎에 제사한 것이다."라고 했다.

【集解】 徐廣曰 上言從行薦之 或曰祭鼎也

천지가 말했다.

"근래에 황하가 넘치고 여러 해 동안 흉년이 들었다. 그래서 순수하면서 후토后土에 제사를 지내 백성이 곡식을 기를 수 있도록 해 달라고 기원했다. 금년에 풍년이 들었지만 아직 보답도 하지 못했는데 정鼎이 왜 나온 것인가?"

관리들이 모두 말했다.

"들으니 옛날 대제大帝께서 신정神鼎 하나를 만들었다고 했습니다.① 일一이란 하나로 거느리는 것[一者一統]이니 천지 만물이 이어져 완성되기 때문입니다. 황제黃帝는 보정寶鼎 3개를 만들어 천天, 지地, 인人을 상징했습니다. 우禹임금은 구주九州(九牧)의 금속을 모아서 구정九鼎을 주조하고 모든 솥에 일찍이 희생을 삶아서[鬺烹]② 상제上帝와 귀신에게 올렸습니다.③ 성군聖君을 만나면 정鼎이 출현해서④ 하夏와 상商나라에 전해졌습니다. 주周나라는 덕이 쇠약해지고 송宋나라는 사직社稷이 없어져⑤ 정鼎이 물속에 빠져서 나타나지 않았습니다.

天子曰 閒者河溢 歲數不登 故巡祭后土 祈爲百姓育穀 今年豊廡未有報 鼎曷爲出哉 有司皆曰 聞昔大帝興神鼎一① 一者一統 天地萬物所系終也 黃帝作寶鼎三 象天地人也 禹收九牧之金 鑄九鼎 皆嘗鬺烹② 上帝鬼神③ 遭聖則興④ 遷于夏商 周德衰 宋之社亡⑤ 鼎乃淪伏而不見

① 大帝興神鼎一 대제흥신정일

안사고는 "대제大帝는 곧 태호복희씨太昊伏羲氏를 뜻하는데 황제黃帝의 앞에 있기 때문이다."라고 했다.

【索隱】 顏師古以大帝即太昊伏犧氏 以在黃帝之前故也

② 䰞烹상팽

서광은 "팽烹은 삶는 것이다. 䰞은 '상觴'으로 발음한다. 모두 일찍부터 생뢰牲牢(희생)를 삶아서 제사하는 것이다."라고 했다.

【集解】 徐廣曰 烹 煮也 䰞音觴 皆嘗以烹牲牢而祭祀也

정鼎에 희생을 삶아서 제사 때 맛보는 것이다. '상䰞'는 또 '상觴'이라고도 하는데 발음은 '상殤'이다. 《한서》〈교사지郊祀志〉에 "솥의 공족空足을 력鬲이라고 하는데 삼덕三德을 상징한다. 鬲은 '력歷'으로 발음하는데 솥의 발 중에서 글씨가 없는 것을 이른다."고 했다.

【索隱】 言鼎烹牲而饗嘗也 䰞字又作 觴字 音殤 漢書郊祀志云 鼎空足曰 鬲 以象三德 鬲音歷 謂足中不實者名之也

력鬲은 고대의 취사도구로써 정鼎과 비슷한데 신석기 말기에 도력陶鬲(도자기로 만든 력)이 출현했으며, 청동기 시대인 은나라부터 춘추 시대까지 유행했다. 《한서》〈교사지〉에 "공족空足을 력鬲이라고 한다."는 말이 있다. 공空은 글씨가 비어 있다는 뜻으로 해석된다.

③ 上帝鬼神상제귀신

집해 복건은 "상제에게 제사한다는 뜻이다. 어떤 이는 삶은 것과 술을 함께 맛본다[嘗烹酌]는 뜻이다."라고 했다.

【集解】 服虔曰 以祭祀上帝 或曰嘗烹酌也

④ 遭聖則興조성즉흥

정의 조遭는 만나는 것이다. 정鼎이 비록 사수泗水에 빠졌지만 성인聖人이 흥기興起하는 때를 만나자 분음汾陰에서 나와서 서쪽으로 감천甘泉에 이른 것이다.

【正義】 遭 逢也 鼎雖淪泗水 逢聖興起 故出汾陰 西至甘泉也

⑤ 宋之社亡송지사망

정의 사社는 군주와 백성이다. 사社는 돌로 만든다. 송나라 사宋社는 곧 박사亳社이다. 주무왕周武王이 주紂를 정벌하고 이에 박사亳社를 세워 감계監戒로 삼았는데 위는 덮고 아래는 사다리로 만들어[覆上棧下] 천지음양의 기가 통하지 못하게 했다. 주周나라의 예가 쇠약해지고 나라가 장차 위태롭고 망하게 되었다. 그래서 송宋나라의 사社도 망하게 되니 은殷나라가 다시 망한 것이다.

【正義】 社主民也 社以石爲之 宋社即亳社也 周武王伐紂 乃立亳社 以爲監戒 覆上棧下 不使通天地陰陽之氣 周禮衰 國將危亡 故宋之社爲亡殷復也

신주 주무왕은 은나라 주왕을 멸망시킨 후 주왕의 아들 무경武庚을 은나라 옛 도읍 박亳 땅에 봉했다. 박亳은 지금의 하남성 상구商丘현 북쪽이다. 주성왕成王 때 무경이 봉기하자 그를 죽이고 주왕의 서형庶兄 미자微子에게 주어서 송宋나라를 세웠다. 송나라는 은나라의 후사이기 때문에 송나라 사社가 망하자 은나라가 다시 망했다고 한 것이다.

《시경》〈주송周頌〉 사의絲衣에, '묘당에서 문전까지[1] 양이 있는 곳에서 소가 있는 곳까지[2] 큰 솥 작은 솥 두루 살피네.[3] 시끄럽지 않고 오만하게 하지 않으니[4] 먼 선조까지도[5] 편안하다 여기리라.'라고 했습니다. 지금 정이 감천궁에 이르러 찬란한 빛이 용처럼 변하여 오르니[6] 한없이 아름답습니다. 이것은 중산에서 황백운이 하늘에서 내려와 덮을 때[7] 짐승 쫓아 잡는 것을 부절로 삼고[8] 큰 활로 4대의 화살을 쏘아서[9] 잡은 것을 모아 제단 아래에 차리고 대향大饗으로 제사지낸 것에 대한 보답입니다.[10] 오직 천명을 받아 황제 된 자는 그 뜻을 마음으로 알고[11] 여기에 덕을 합해야 합니다. 그래서 정鼎은 마땅히 선조의 사당에 보이시고 천자의 정전正殿에 보관함이 하늘의 뜻에 부합하는 것이니 밝게 응하소서."

무제가 조서를 내렸다.

"그렇게 하라."

頌云 自堂徂基[1] 自羊徂牛[2] 鼐鼎及鼒[3] 不虞不驁[4] 胡考[5]之休 今鼎至甘泉 光潤龍變[6] 承休無疆 合茲中山 有黃白雲降[7] 蓋 若獸爲符[8] 路弓乘矢[9] 集獲壇下 報祠大饗[10] 惟受命而帝者心知其意[11]而合德焉 鼎宜見於祖禰 藏於帝廷 以合明應 制曰 可

① 頌云自堂徂基송운자당조기

【정의】 자당조기自堂徂基에서 호고지휴胡考之休까지는《시경》〈주송周頌〉 사의絲衣편의 시구이다. 자당自堂은 안으로부터 밖으로 가는 것이다. 기基는 문門의 안쪽 방이다. 정현은 "문 옆의 당堂을 숙塾이라고 이른다. 예를 가볍게 연역해서 사士로 하여금 당堂으로 올라 호壺(병)가 씻긴 것과 변두邊豆(제기) 종류들을 살피고 내려와 숙塾으로 간다. 희생은 양羊에서 소[牛]로 가는데 자신에게 충실한가를 고하고 이에 솥을 들어 깨끗한지를 알리는 것이 예의 차례이다."라고 했다.

【正義】 此以下至胡考之休 是周頌絲衣之詩 自堂 從內往外 基 門內塾也 鄭玄云 門側之堂謂之塾 繹禮輕 使士升堂 視壺濯及邊豆之屬 降往於塾 牲 自羊徂牛 告充已 乃舉鼎告絜 禮之次也

② 自羊徂牛자양조우

【정의】 당堂에서부터 숙塾으로 가서 먼저 양羊을 살피고 뒤에 소[牛]에 이른다. 모장毛萇은 "작은 것을 먼저 하고 큰 것을 뒤에 한다."고 했다.

【正義】 自堂往塾 先視羊 後及牛也 毛萇云 先小後大也

③ 鼐鼎及鼒내정급자

【집해】 위소가 말하기를, "《이아爾雅》에 '정鼎이 아주 큰 것[絕大]을 내鼐라고 하고 둥글면서 위를 가린 것을 자鼒라고 한다."고 했다.

【集解】 韋昭曰 爾雅曰鼎絕大謂之鼐 圜弇上謂之鼒

④ 不虞不驁불우불오

색은 《모전》에 "우虞는 시끄러운 것이다."라고 했다. 요씨姚氏가 상
고해보니 하승천何承天이 이르기를 "우虞는 마땅히 '오吳'가 되어야
한다."고 했다. 발음은 '해[洪霸反]'이다. 또《설문》에는 "오吳는 일설에
는 큰 소리[大言]이다."라고 했다. 여기에서 '우虞'로 된 것은 오吳와 소
리가 서로 가깝기 때문에 가차한 것이다. 어떤 이는 "본문本文에서 이
'우虞'자를 빌린 것은 환오歡娛(기쁘고 즐거움)라는 글자이기 때문이다."
라고 했다.

【索隱】 毛傳云 虞 譁也 姚氏案 何承天云 虞當爲吳 音洪霸反 又說文以
吳 一曰大言也 此作 虞者 與吳聲相近 故假借也 或者本文借此虞爲歡娛
字故也

⑤ 胡考호고

신주 《모전》에 "호胡는 수壽이고 고考는 성成이다."라고 했다. 청나
라 마서진馬瑞辰(1777~1853)은 "호고胡考는 수고壽考와 같다."고 풀이했
는데, 대체로 '오래 삶'을 의미하나 글의 맥락으로 볼 때 여기의 "호胡는
'멀다'의 뜻으로, 고考는 '선고先考'의 의미"로 풀이하는 것이 적절할 듯
하다.

⑥ 光潤龍變광윤용변

신주 빛이 용트림을 하며 하늘로 오르는 것처럼 보임을 나타내는 말
이다.

⑦ 黃白雲降황백운강

집해 위소는 "중산中山에서 본 황운黃雲의 기운과 합한 것이다."라고
했다.
【集解】 韋昭曰 與中山所見黃雲之氣合也

⑧ 若獸爲符약수위부

집해 복건은 "구름이 짐승처럼 수레 덮개에 있었다."고 했다. 진작
晉灼은 "개蓋는 '사辭'이다. 어떤 이는 부符는 상서로써 응한 것을 이른
다."고 했다.
【集解】 服虔曰 雲若獸 在車蓋也 晉灼曰 蓋 辭也 或云符謂瑞應也

⑨ 路弓乘矢노궁승시

집해 위소는 "노路는 '대大'이다. 4개의 화살이 승乘이 된다."고 했다.
【集解】 韋昭曰 路 大也 四矢爲乘

⑩ 報祠大饗보사대향

　집해　서광은 "일설에는 향사享祠로써 크게 보답한 것이다."라고 했다.

【集解】 徐廣曰 一云大報享祠也

　신주　《예기》에 "교郊는 혈血, 대향大饗은 성腥(날고기), 삼헌은 섬번燖
(데친 고기), 일헌은 숙孰=熟(익힌 고기)을 진설한다."고 했다.

⑪ 帝者心知其意제자심지기의

　집해　복건은 "고조가 명을 받은 것을 알았으니 솥이 그 사당에 나타
난 것은 마땅하다."고 했다.

【集解】 服虔曰 高祖受命知之也 宜見鼎於其廟

바다에 들어가 봉래산蓬萊山을① 찾던 자들이 봉래산이 멀지 않
지만 이르지 못한 것은 대부분 그 기氣를 보지 못하기 때문이라
고 말했다. 무제는 기氣를 볼 수 있는 자를 파견해 그 기를 살피
는 것을 돕게 하라고 말했다.

入海求蓬萊①者 言蓬萊不遠 而不能至者 殆不見其氣 上乃遣望氣佐
侯其氣云

---

① 蓬萊봉래

봉래, 방장, 영주산이 발해渤海 안의 삼신산三神山이다.

【正義】 蓬萊 方丈 瀛州 勃海中三神山也

제2장

천하를 주유하며
신선을 찾다

천하 여덟 곳의 명산

그해 가을, 황제는 옹雍으로① 행차해 또 교제를 지냈다. 어떤 이가 말했다.

"오제五帝는 태일신泰一神의 보좌입니다. 마땅히 태일신泰一神을 세우고 주상께서 친히 교제를 지내셔야 합니다."

황제가 주저하면서 결정하지 못했다. 제나라 사람 공손경公孫卿이 말했다.

"금년에 보정寶鼎을 얻으셨는데, 올해 겨울 신사辛巳 초하루 아침이 동지冬至로서 황제黃帝께서 보정을 만든 때와 같습니다."

공손경이 가진 찰서札(목간 따위)에도 적혀 있었다.

"황제黃帝께서 완구宛朐(혹은 후[侯])에서② 보정寶鼎을 얻으시고 귀유구鬼臾區에게③ 묻자 귀유구가 대답하기를, '황제께서 보정과 신책神策을 얻으셨는데, 이 해가 기유己酉 초하루 아침 동짓날로 하늘의 벼리[天之紀]를 얻은 것이니 한 해를 끝내고 다시 새해를 시작해야 합니다.'라고 했습니다. 이에 황제黃帝께서 날[日]을 맞이해 점대를 계산하여[推笑] 그 뒤로는 20년을 기준으로④ 초하루 아침에 동지가 되는 것을 알았는데, 무릇 스무 번을 추산하니 삼백팔십 년을 사시고 황제黃帝께서 신선이 되어 하늘로 올라가셨습니다."⑤

其秋 上幸雍^① 且郊 或曰 五帝 泰一之佐也 宜立泰一而上親郊之 上

疑未定 齊人公孫卿曰 今年得寶鼎 其冬辛巳朔旦冬至 與黃帝時等

卿有札書曰 黃帝得寶鼎宛^②(侯)[朐] 問於鬼臾區^③ 區對曰 (黃)帝得寶

鼎神筴 是歲己酉朔旦冬至 得天之紀 終而復始 於是黃帝迎日推筴

後率二十歲^④得朔旦冬至 凡二十推 三百八十年 黃帝僊登于天^⑤

① 上幸雍상행옹

색은　옹雍에 오른다고 한 것은 옹雍의 지형이 높기 때문이다. 그래서
'상上'이라고 했다.

【索隱】　上雍 以雍地形高 故云上

② 宛朐완구

신주　지금의 산동성 하택荷澤 부근이다.

③ 鬼臾區귀유구

집해　《한서음의》에 "구區는 황제黃帝 때의 사람이다."라고 했다.

【集解】　漢書音義曰 區 黃帝時人

색은 정씨鄭氏는 "황제黃帝를 보좌했다."라고 했다. 이기李奇는 "황제 시대 때 제후이다. 본래 '신구申區'라고 한 잘못이다."라고 했다. 《예문지 藝文志》에는 "귀용구鬼容區이다."라고 했다.

【索隱】 鄭氏云 黃帝佐也 李奇曰 黃帝時諸侯 本作 申區者 非 藝文志作 鬼容區者也

신주 귀유구는 황제黃帝의 여섯 천사天師 중의 하나이다. 여섯 천사는 기백岐伯, 귀유구鬼臾區, 백고伯高, 소사少師, 소유少兪, 뇌공雷公을 가리킨다. 천사天師란 도교의 용어로써 도술을 지닌 사람을 가리키는데, 《장자》의 〈서무귀徐無鬼〉 편과 《황제내경》 그리고 도교경전 《태평경太平經》 등에서 이 용어를 볼 수 있다.

④ 後率二十歲후률이십세

정의 률率은 '률律'로 발음하고 또 '류類'로도 발음한다. 또 솔[所律反]로도 발음하는데, 세 가지 음이 함께 통한다. 뒤에도 이를 적용한다.

【正義】 率音律 又音類 又所律反 三音並通 後皆放此也

⑤ 黃帝僊登于天황제선등우천

신주 《사기》의 〈오제본기〉에는 "황제가 죽어 교산에 묻혔다."고 기록했다. 이곳은 지금의 섬서성 황릉현黃陵縣으로, 고을 이름도 이로 인하여 붙여졌다고 전해진다.

공손경이 소충所忠을① 통해서 아뢰려고 했다. 소충은 그 글을 살펴보고 떳떳하지 못하고 망령된 글이라고 의심해서 거절하면서 말했다.

"보정의 일은 이미 결정된 것인데 또 무엇을 하자는 것이오."

그래서 공손경이 황제가 총애하는 사람을 통해서 아뢰었다. 황제가 크게 기뻐하면서 공손경을 불러 물었다. 공손경이 답했다.

"이 글은 신공申功에게② 받았는데 신공은 이미 죽었습니다."

황제가 물었다.

"신공申功은 어떤 사람이었는가?"

卿因所忠①欲奏之 所忠視其書不經 疑其妄書 謝曰 寶鼎事已決矣 尙何以爲 卿因嬖人奏之 上大說 召問卿 對曰 受此書申功 申功②已 死 上曰 申功何人也

① 所忠소충

신주 사람 이름이다. 《사기》〈평준서〉의 주석에서 복건은 "소충이 고관故官을 관장했다."고 말했다.

② 申功신공

집해 〈봉선서〉에 "공功은 '공公' 자로 되어 있다."고 했다.

공손경이 대답했다.

"신공申功은 제나라 사람입니다. 안기생安期生과 통했고 황제黃帝의 말씀을 전수받았지만 다른 글은 없고 이 정서鼎書만 남아 있습니다. 정서鼎書에 이르기를 '한나라의 부흥은 황제 때를 밑바탕으로 해야 한다. 한나라의 성군은 고조의 손자 또는 증손자曾孫子일 것이다. 보정이 나와서 신과 통했으니 봉선을 해야 한다. 봉선封禪한 72왕七十二王[①] 중에서 오직 황제黃帝만 태산에 올라 봉선할 수 있다.'라고 쓰여 있습니다.

卿曰 申功 齊人也 與安期生通 受黃帝言 無書 獨有此鼎書 曰 漢興復當黃帝之時 漢之聖者在高祖之孫且曾孫也 寶鼎出而與神通 封禪 封禪七十二王[①] 唯黃帝得上泰山封

① 七十二王칠십이왕

정의 《하도河圖》에는 "왕자王者는 태산太山에 봉封을 하고 양보梁父에서 선禪을 하고 성씨를 바꾸고 높이 숭상된 72군君이 있다."고 했다.

【正義】 河圖云 王者封太山 禪梁父 易姓登崇 有七十二君也

신공이 말하기를

'한나라 주상께서 태산에 올라 봉선을 하시는 것이 마땅하고, 올라서 봉선을 한다면 신선이 되어 하늘에 오를 수 있을 것이다. 황제黃帝 때에는 일 만萬의 제후국이 있었는데, 이중 신령에 봉한 나라가 칠 천①이었다. 천하의 명산은 여덟인데 셋은 만이蠻夷에게 있고 다섯은 중국中國에 있다. 중국에는 화산華山, 수산首山,② 태실산太室山,③ 태산泰山, 동래산東萊山으로④ 이 오산五山은 황제黃帝께서 늘 유람하며 신선과 만나던 곳이다.

申功曰 漢主亦當上封 上封則能僊登天矣 黃帝時萬諸侯 而神靈之封居七千① 天下名山八 而三在蠻夷 五在中國 中國華山 首山② 太室③ 泰山 東萊④ 此五山黃帝之所常遊 與神會

① 七千칠천

집해 응소는 "황제黃帝 때 봉선封禪에 모인 제후가 7,000명이었다."고 했다. 이기李奇는 "선도仙道를 설명해서 칠천 국가가 봉封함을 얻었다."라고 했다. 장안은 "신령을 봉했다는 것은 산천山川을 지키는 것을 이른 것이다."라고 했다.

【集解】 應劭曰 黃帝時諸侯會封禪者七千人 李奇曰 說仙道得封者七千國 張晏曰 神靈之封謂山川之守

② 首山수산

신주 수산首山에 대해서는 대략 세 가지 설이 있다. 하나는 산서성 영제永濟현 뇌수산雷首山인데, 수산이라고도 불린다. 둘은 하남성 언사偃師의 수양산首陽山이라는 것이고, 셋은 하남성 양성襄城의 수산首山이라는 것이다.

③ 太室山태실산

신주 숭산崇山을 말한다. 하남성 등봉登封시에 있다. 복우산맥伏牛山脈에 속하는데 오악 중의 중악中岳이다.

④ 東萊山동래산

신주 전한 때 지금의 연태시 일대에 동래군을 설치한 것으로 보아 산동반도山東半島 북부지역에 위치한 산으로 추정된다.

황제께서는 한편으로 전쟁을 하면서도 한편으로 선도仙道를 배웠다. 백성들이 이 도를 비난하는 것을 우려해서 귀신을 비난하는 자들을 과감하게 참살했다. 백여 년을 이렇게 한 후 신선과 소통할 수 있었다. 황제께서 옹雍에서 상제上帝에게 교제를 지내고 석 달을 머물렀다. 귀유구鬼臾區는 대홍大鴻으로 불리다가 죽은 후 옹 땅에 장사를 지냈는데, 홍총鴻冢이라는① 곳이 그곳이다. 그 뒤에도 황제는 명정明廷에서 온갖 신령을 접견하였다. 명정明廷이란 감천궁甘泉宮이다. 이른바 한②문塞門이란 곡구谷口이다.③

黃帝且戰且學儒 患百姓非其道 乃斷斬非鬼神者 百餘歲然後得與神通 黃帝郊雍上帝 宿三月 鬼臾區號大鴻 死葬雍 故鴻冢①是也 其後於黃帝接萬靈明廷 明廷者 甘泉也 所謂寒②門者 谷口也③

① 鴻冢홍총

집해　소림은 "지금 옹雍 땅에 홍총鴻冢이 있다."고 했다.
【集解】　蘇林曰 今雍有鴻冢

② 寒한

집해　서광은 "한 곳에는 '새塞' 자로 되어 있다."고 했다.

③ 谷口也곡구야

집해 《한서음의》에는 "황제가 새문塞門에서 신선이 되었다."고 했다.
【集解】 漢書音義曰 黃帝仙於塞門也

색은 복건은 "황제가 신선이 된 곳이다."라고 했다. 소안小顔(안사고)
은 "곡谷은 중산中山의 곡구谷口로써 한漢나라 때 현縣이 되었는데 지
금은 야곡冶谷이라고 부른다. 감천甘泉과의 거리가 80리이다. 한 여름에
도 살을 에는 듯이 추워 한문곡구寒門谷口라고 한다."고 했다.
【索隱】 服虔云 黃帝所仙之處也 小顔云 谷 中山之谷口 漢時爲縣 今呼爲
冶谷 去甘泉八十里 盛夏凜然 故曰寒門谷口也

황제께서 수산首山에서 구리를 캐 형산荊山[①] 아래에서 정鼎을 주조했다. 정이 다 만들어지자 턱에 긴 수염을 늘어뜨린[②] 용이 내려와 황제를 영접했다. 황제께서 용에 올라타자 여러 신하들과 후궁 칠십여 명도 따라서 용에 올라타고 곧 하늘로 올라갔다. 나머지 소신小臣들은 올라타지 못하자 모두 용의 수염을 잡았는데, 용의 수염이 뽑히고 황제의 활도 떨어졌다. 백성들이 황제께서 이미 하늘로 오르는 것을 우러러보며 이에 그의 활과 용의 수염을 껴안고 울부짖었다. 그래서 후세에 그곳을 이름해 정호鼎湖라고[③] 했고 그의 활을 오호烏號라고[④] 했다.'라고 했습니다."

黄帝采首山銅 鑄鼎荊山[①]下 鼎既成 有龍垂胡髯[②]下迎黃帝 黃帝上騎 羣臣後宮從上龍七十餘人 龍乃上去 餘小臣不得上 乃悉持龍髯 龍髯拔 墮黃帝之弓 百姓仰望黃帝既上天 乃抱其弓與龍胡髯號 故後世因名其處曰鼎湖[③] 其弓曰烏號[④]

① 荊山형산

집해 진작은 "〈지리지〉에 수산首山은 하동河東 포판蒲阪에 속하고 형산荊山은 풍익馮翊 회덕현懷德縣에 있다."고 했다.
【集解】 晉灼曰 地理志首山屬河東蒲阪 荊山在馮翊懷德縣

② 龍垂胡髯용수호염

색은 안사고는 "호胡는 목 아래 늘어진 턱밑 살을 이른다. 염顓은 그 털이다. 그래서 동요에서 '하당위군고용호何當爲君鼓龍胡'(어찌 그대가 용의 수염을 휘두르겠는가)라고 한 것이 이것이다."라고 했다.

【索隱】 顏師古云 胡謂項下垂肉也 顓 其毛也 故童謠曰 何當爲君鼓龍胡 是也

③ 鼎湖정호

정의 《괄지지》에는 "호수湖水는 원래 괵주虢州 호성현湖城縣 남쪽 35리의 과보산夸父山에서 나와 북쪽으로 흘러 하수로 들어가는 데 이것이 곧 정호鼎湖이다."라고 했다.

【正義】 括地志云 湖水原出虢州湖城縣南三十五里夸父山 北流入河 即鼎湖也

④ 烏號오호

신주 옛날 뽕나무 가지로 만들었다는 명궁名弓을 가리킨다. 따라서 질 좋은 명궁을 가리킬 때의 대명사로 오호궁烏號弓이라 했는데, 바로 황제黃帝가 사용한 이 궁이 오호궁의 연원이 된다.

이에 천자가 말했다.

"아아! 내가 진실로 황제黃帝와 같을 수만 있다면 나는 처자妻子 떠나는 것을 짚신을 벗어 던지듯이 하리라."

이에 공손경에게 벼슬을 제수하여 낭관郎官으로 삼고 동쪽으로 보내 태실산太室山에서 신선神仙을 기다리게 했다.

於是天子曰 嗟乎 吾誠得如黃帝 吾視去妻子如脫躧耳 乃拜卿爲郎 東使候神於太室

황제가 드디어 옹雍에서 교제를 올리고 농서隴西로 가서 서쪽의 공동산空桐山에① 올랐다가 감천궁으로 행차했다. 사관祠官 관서寬舒 등을 시켜서 태일신泰一神의 제단을 갖추게 했는데, 제단은 박기薄忌(박유기)가 말한 태일신의 단壇을 본떠서 제단을 삼층으로 만들었다.② 오제단五帝壇은 태일단을 빙 둘러 그 밑에 있게 하고서 각각 그들이 주관하는 방위와 같게 하고 황제黃帝의 제단은 서남쪽에 두어 팔방으로 통하는 귀도鬼道를 다스리게 했다.③

上遂郊雍 至隴西 西登空桐① 幸甘泉 令祠官寬舒等具泰一祠壇 壇放薄忌泰一壇 壇三垓② 五帝壇環居其下 各如其方 黃帝西南 除八通鬼道③

① 空桐공동

정의 공동산空桐山은 원주原州 평고현平高縣 서쪽 100리에 있다.

【正義】 空桐山在原州平高縣西一百里

② 壇三垓단삼해

집해 서광은 "해垓는 차次라는 뜻이다."라고 했다. 배인이 상고해보니 이기李奇는 "해垓는 중重(겹치는 것)이고 삼중단三重壇이다."라고 했다.

【集解】 徐廣曰 垓 次也 駰案 李奇曰 垓 重也 三重壇也

색은 해垓는 중重이다. 삼중단三重壇을 만든 것을 말한 것이다. 추씨鄒氏는 "어떤 곳에는 '계階'로 되어 있는데 단壇의 계단이 삼중三重인 것을 말한다."고 했다.

【索隱】 垓 重也 言爲三重壇也 鄒氏云一作階 言壇階三重

③ 除八通鬼道제팔통귀도

집해 복건은 "곤坤의 자리는 미未(서남쪽)에 있고 황제는 토위土位(중앙)를 따랐다."고 했다.

【集解】 服虔曰 坤位在未 黃帝從土位

태일신에게 사용하는 제불은 옹雍의 교제 때 일지一時에 올리
는 것과 같았지만 단술과 대추와 육포의 종류를 더하고 검은 소
한 마리를 잡아 조두組豆에① 뇌牢(희생)를 갖추게 했다. 오제五
帝의 제사 때는 조두組豆에 단술만 올리게 했다.② 그 아래 사방
의 땅에는 여러 신神들의 종자從者들과 북두칠성에게 술을 뿌
려 제사를 하게 했다.③ 제사가 끝나면 제육祭肉들은 모두 불태웠
다. 그 제사에는 흰 소를 썼는데 사슴을 소의 뱃속에 넣고 돼지
를 사슴의 뱃속에 넣어서 국물이 스며들게 했다.④ 해에 제사할
때에는 소를 사용했고 달에 제사할 때에는 양이나 돼지를 한 마
리 사용했다.⑤ 태일신에게 제사를 지내는 축재祝宰(제사 주관자)
는 수놓은 자주색 옷을 입었다. 오제五帝의 제사 때는 각각 오제
에 해당되는 색과 같은 색의 옷을 입었고,⑥ 해[日]의 제사 때는
붉은 색을, 달의 제사 때는 흰 색을 입었다.

泰一所用 如雍一時物 而加醴棗脯之屬 殺一牦牛以爲組豆①牢具 而
五帝獨有組豆醴進② 其下四方地 爲餕食③羣神從者及北斗云 已祠
胙餘皆燎之 其牛色白 鹿居其中 彘在鹿中 水而洎之④ 祭日以牛 祭
月以羊彘特⑤ 泰一祝宰則衣紫及繡 五帝各如其色⑥ 日赤 月白

① 組豆조두

[집해] 위소는 "검은 소와 단술의 속屬이 없는 것이다."라고 했다.

【集解】 韋昭曰 無聲牛醴之屬

② 醴進예진

색은 음은 진進이다. 《한서》에도 '진進'으로 되어 있다. 안사고는 "조
두俎豆에는 술과 단술을 갖추어 올린다. 일설에는 진進은 잡물雜物을
갖추어서 예禮를 더한 것을 이른다."라고 했다.

【索隱】 音進 漢書作進 顏師古云 具俎豆酒醴而進之 一曰進謂雜物之具
所以加禮也

③ 餟食체식

집해 '체餟'는 발음이 '제[竹芮反]'이다. 체餟는 계속 이어서 제사하는
것을 이른다. 《한지漢志》에는 "'체腏'로 되어 있는데 옛 글자로 체餟와
통한다."고 했다. 《설문》에는 "체餟는 제사에 강신 (뇌酹)하는 것이다."라
고 했다.

【索隱】 餟音竹芮反 謂聯續而祭之 漢志作 腏 古字通 說文云 餟 祭酹

정의 유백장은 "단壇을 둘러서 여러 신神의 제사 자리를 설치하고
서로 연결하는 것이다."라고 했다.

【正義】 劉伯莊云 謂繞壇設諸神祭座相連綴也

④ 水而泊之수이계지

서광은 "계洎는 발음이 '기[居器反]'인데, 고기즙이다."라고 했다. 배인이 상고해보니 진작晉灼은 "이는 희생물을 합해서 제사지낸 것[燎]을 설명한 것이다."라고 했다.

【集解】 徐廣曰 洎音居器反 肉汁也 駰案 晉灼曰 此說合牲物燎之也

정의 유백장은 "큰 국[大羹]으로 제사 음식과 섞어서 제사지내는 것이다."라고 했다. 상고해보니 사슴고기를 소의 안에 넣고 돼지고기는 사슴 속에 넣는 것이다. 수水는 현주玄酒(제사 때 술 대신 쓰는 맑은 찬물)이다.

【正義】 劉伯莊云 以大羹和祭食燎之 案 以鹿內牛中 以彘內鹿中 水 玄酒也

⑤ 羊彘特양체특

색은 특特은 한 마리의 희생이다. 소와 같고 양과 같고 돼지 같은 것이 한 마리에 그친다고 말한 것이다.

【索隱】 特 一牲也 言若牛若羊若彘 止一特也

⑥ 五帝各如其色오제각여기색

신주 오제의 제사 때에는 임금을 상징하는 오행五行에 맞는 색으로 제복祭服을 갖추고 제사에 임했다. 오제의 오행과 방위, 상징색 등을 표로 나타내면 다음과 같다.

오제五帝	호칭呼稱	오행五行	방위方位	계절季節	상징색
황제黃帝	황제黃帝	토土	중앙中央		황색
태호太昊	창제蒼帝	목木	동東	춘春	청색
소호少昊	백제白帝	금金	서西	추秋	백색
염제炎帝	적제赤帝	화火	남南	하夏	적색
전욱顓頊	흑제黑帝	수水	북北	동冬	흑색

신선의 자취를 보다

11월 신사辛巳 초하루 아침 동지, 먼동이 틀 무렵 천자天子가 처음으로 교외郊外에서 태일신泰一神께 절을 했다. 아침에 해를 맞아 조회하고 저녁에 달을 맞아 석회를 할 때[①] 읍을 하는데, 태일신을 알현함에 옹치에서 제사지내는 예와 같게 했다. 그 제사를 기리면서 말했다.

"하늘이 처음으로 보정寶鼎과 신책神策을 황제皇帝에게 주시어 11월 초하루를 다시 정월 초하루로 삼으니 한해를 끝내고 다시 한 해가 시작되어 황제가 경배하며 알현하옵니다."

十一月辛巳朔旦冬至 昧爽 天子始郊拜泰一 朝朝日 夕夕月[①] 則揖而見泰一 如雍禮 其贊饗曰 天始以寶鼎神筴授皇帝 朔而又朔 終而復始 皇帝敬拜見焉

① 朝朝日夕夕月조조일석석월

집해 응소는 "천자가 봄 아침에는 해를 맞이하고 가을 저녁에는 달을 맞이했다. 해는 동문東門 밖에서 맞아 절을 하는데 아침에는 조회朝會를 하고 저녁에는 석회夕會를 한다."고 했다. 신찬은 "한漢나라의 의례에는 태일치泰一時에서 교제郊祭를 지내는데 황제皇帝는 평단平旦(새벽)에 죽궁竹宮에서 나와 동쪽 해에 읍하고 그 저녁에는 서쪽 달에 읍한다. 즉 교일郊日에는 사용하지만 봄과 가을에는 사용하지 않는다."고 했다.

【集解】 應劭曰 天子春朝日 秋夕月 拜日東門之外 朝日以朝 夕月以夕 瓚曰 漢儀郊泰一時 皇帝平旦出竹宮 東向揖日 其夕西向揖月 便用郊日 不用春秋也

주상께서 황색의 제복祭服을 입고[1] 제단祭壇에 불을 가득 켜놓고서 제단 곁에는 취사기구들을 갖추어 놓았다. 담당 관리가 아뢰었다.

"제단 위에 빛이 있사옵니다."

그러자 공경公卿들이 아뢰었다.

"황제께서 처음 운양궁雲陽宮에서[2] 태일신에게 교제郊祭를 지내실 때, 제사 담당 관리가 선옥瑄玉과[3] 좋은 희생을 받들어 제물로 올렸습니다.[4] 이날 밤에 아름다운 빛이 일어나 다음날 낮까지 이르고 황색기운이 위로 하늘까지 이어졌습니다."

而衣上黃[1] 其祠列火滿壇 壇旁烹炊具 有司云 祠上有光焉 公卿言 皇帝始郊見泰一雲陽[2] 有司奉瑄玉[3]嘉牲薦饗[4] 是夜有美光 及晝 黃氣上屬天

① 衣上黃의 상황

신주 황제黃帝는 오행이 토土에 해당되고 토는 황색을 나타낸다. 황제를 모시는 제사이기 때문에 황색 옷을 입은 것이다.

② 雲陽운양

정의 《괄지지》에는 "한나라 운양궁雲陽宮은 옹주雍州 운양현雲陽縣

북쪽 81리에 있다. 통천대通天臺가 있는데 곧 황제黃帝 이래로 하늘의
원구園丘에 제사지내는 곳이다. 무제武帝는 5월에 피서避暑로 있다가 8
월에 돌아왔다."고 했다.

【正義】 括地志云 漢雲陽宮在雍州雲陽縣北八十一里 有通天臺 卽黃帝以
來祭天園丘之處 武帝以五月避暑 八月乃還也

③ 瑄玉선옥

[집해] 맹강은 "벽璧(둥근 옥)의 크기가 여섯 치[寸]인 것을 선瑄이라고
한다."라고 했다.

【集解】 孟康曰 璧大六寸謂之瑄

[색은] 瑄은 '선宣'으로 발음하는데 벽璧의 크기는 여섯 치이다.

【索隱】 音宣 , 璧大六寸也

④ 嘉牲薦饗가생천향

[정의] 《한구의》에는 "하늘에 제사지내는 소는 5년을 키워서 2,000
근에 이르러야 한다."고 했다.

【正義】 漢舊儀云 祭天養牛五歲至二千斤

태사공과[1] 사관祠官 관서寬舒 등이 말했다.

"신령神靈의 빛이 아름다운 것은 복을 내리는 상서로운 조짐이니 빛이 났던 땅에[2] 태치단泰時壇을 세워 밝은 빛에 응해야 합니다. 태축太祝에게 명하시어 가을과 겨울의 사이에 제사를 지니게 하소서. 또 3년에 한 번 천자께서 교제를 지내소서."

太史公[1] 祠官寬舒等曰 神靈之休 祐福兆祥 宜因此地[2]光域立泰時壇以明應 令太祝領 (祀)[秋]及臘閒祠 三歲天子一郊見

① 太史公태사공

신주 사마천의 아버지 사마담司馬談을 가리킨다.

② 地지

집해 서광은 "지地는 어떤 곳에는 '야夜' 자로 되어 있다."고 했다.

【集解】 徐廣曰 地 一作夜

그해 가을 남월南越을 정벌하기 위해 태일신에게 제사하여 알리
고① 모형牡荊의② 깃대를 가지고 해와 달 그리고 북두칠성과 비
룡을 깃발에 그려서 천일天一과 삼성三星을 상징하고, 태일신의
깃발을 선봉으로③ 삼아 '영기靈旗'라고④ 이름하였다. 병사들을
위해 기도할 때는 곧 태사太史가 영기를 받들어 정벌하는 나라
를⑤ 가리키게 했다.

其秋 爲伐南越 告禱泰一① 以牡荊②畫幡日月北斗登龍 以象天一三
星 爲泰一鋒③ 名曰 靈旗④ 爲兵禱 則太史奉以指所伐國⑤

① 爲伐南越告禱泰一위벌남월고도태일

신주　남월을 정벌하기 위해 태일신에게 제사를 지낸 것은 이전에는
없었던 의례인데, 태일을 선봉으로 삼는 군영의 깃발을 제작하여 앞세
운 것에서 알 수 있듯이 이 때 태일신이 국가수호와 전쟁 승리를 상징
하는 신으로 등장한 것이다.

② 牡荊모형

집해　서광은 "다른 판본에는 '빈牝'으로 되어 있다."고 했다.
【集解】　徐廣曰 一作牝

여순은 "형荊(가시나무)의 가시를 없애는 것은 대개 청결하고 가지런하게 하는 도道이다."라고 했다. 진작晉灼은 "모형牡荊(가시 있는 떨기나무)은 가시의 마디 사이가 서로 맞지 않는 것이다."라고 했다. 위소는 "모형牡荊을 사용해 깃대 자루를 만든다."라고 했다.

【集解】 如淳曰 荊之無子者 皆以絜齊之道也 晉灼曰 牡荊 節閒不相當者 韋昭曰 以牡荊爲柄者也

③ 泰一鋒태일봉

집해 서광은 "《천관서天官書》에 천극성天極星의 밝은 곳에는 태일泰一이 항상 거한다. 북두北斗의 입구가 되는 삼성三星이 천일天一이다."라고 했다. 배인이 상고해보니 진작이 이르기를 "별 하나를 그려서 뒤에 있게 하고 세 개의 별[三星]을 앞에 세워 태일太一의 선봉으로 삼는다."라고 했다.

【集解】 徐廣曰 天官書曰天極星明者 泰一常居也 斗口三星曰天一 >駰案 晉灼曰 畫一星在後 三星在前爲太一鋒也

④ 靈旗영기

정의 이기李奇는 "그림 있는 기旗 중 태일단泰一壇 위에 세우는 것을 영기靈旗라고 부르는데, 해와 달과 북두北斗와 날아오르는 용 등을 그린다."라고 했다.

【正義】 李奇云 畫旗樹泰一壇上 名靈旗 畫日月北斗登龍等

⑤ 伐國벌국

정의 　위소는 "모牡는 강剛이고 형荊은 강强이다."라고 했다. 상고해보
니 모형牡荊을 사용해 정벌할 나라[伐國]를 지목하는 것은 그 강剛을 취
하는 것을 일컬은 것이다. 그래서 그림 있는 이 기를 가지고 지목한다.

【正義】　韋昭云 牡 剛也 荊 强 按 用牡荊指伐國 取其剛爲稱 故畫此旗指之

오리장군五利將軍 난대는 감히 바다로 들어가지 못하고 태산으로
가서 제사를 지냈다. 황제皇帝가 사람을 시켜 몰래 따라가서 살
펴보게 했는데 실제로는 신선을 만나지 못했다. 오리장군은 그의
스승을 만났다고 거짓으로 말했으며 그의 방술이 영험을 다해서
응하지 않을 때가 많았다. 황제가 이에 오리를① 주살했다.

而五利將軍使不敢入海 之泰山祠 上使人微隨驗 實無所見

五利妄言見其師 其方盡 多不讎 上乃誅五利①

---

① 五利오리

정의 　《한무고사》에는 "동방삭東方朔이 난대欒大가 무상無狀(아무 형적
이 없음)하다고 말하자 무제가 노여움이 일어나 목을 벴다."라고 했다.

【正義】　漢武故事云 東方朔言欒大無狀 上發怒 乃斬之

그해 겨울, 공손경은 하남河南에서 신을 찾다가 구지성緱氏城 위에서 신선의 자취를 보았다. 꿩과 같은 물체였는데 성 위를 왕래했다. 황제도 직접 구지성에 행차해서 자취를 보았다. 공손경에게 물었다.

"문성文成이나 오리五利를 본받으려는 것은 아니겠지?"

공손경이 말했다.

"신선은 인간세상의 군주를 찾는 일이 없으니 임금이 찾아야 하는데, 그 방법은 적은 것이라도 너그럽게 용서하지 아니하면 신선은 오지 않습니다. 신선의 일을 말한다면 그 일의 미침이 원대해서[1] 오랜 세월을 쌓아야 이룰 수 있습니다."

이에 군국郡國이[2] 각자 도로를 정비하고 별궁과 명산名山의 신사神祠를 잘 보수해서 천자가 행차하기를 기다렸다.

其冬 公孫卿候神河南 見僊人跡緱氏城上 有物若雉 往來城上 天子親幸緱氏城視跡 問卿 得毋效文成 五利乎 卿曰 僊者非有求人主 人主求之 其道非少寬假 神不來 言神事 事如迂誕[1] 積以歲乃可致 於是郡國[2]各除道 繕治宮觀名山神祠所 以望幸矣

① 迂誕우탄

정의 迂는 발음이 '우于'이고, 탄誕은 발음이 '단但'이다. 우迂는 먼 것이다. 탄誕은 큰 것이다.

【正義】 迂音于 誕音但 迂 遠也 誕 大也

② 郡國군국

신주 한고조가 통일 후 실시한 통치방식으로 도읍에서 가까운 지역
은 군현을 두어 황제가 직접 다스리고, 먼 지역은 황족이나 공신에게 맡
겨 다스리게 하였다. 중앙과 서북의 군사요충지는 군郡을 설치했고, 관
중과 동남부 지역은 국國을 두어 통치하게 했다. 이는 진나라의 군현 제
도와 주나라의 봉건 제도를 병용한 것이다.

그해에 이미 남월南越을 멸망시키고 황제의 총애하는 신하 이연년李延年이① 아름다운 음악을 가지고 배알했다. 황제가 이를 훌륭하게 여기고 아래의 공경公卿들에게 의논해서 말했다.

"민간의 제사에서도 북치고 춤추는 음악이 있는데 지금 교사郊祠에는 음악이 없으니 어찌 걸맞다고 하겠는가?"

공경公卿들이 말했다.

"옛날에는 천지에 제사를 올릴 때는 모두 음악이 있었고, 그래서 천신과 지기[神祇]께 예로써 받들 수 있었습니다."

어떤 이가 말했다.

"태제泰帝께서 소녀素女를② 시켜 50현弦의 비파를 타게 했는데 너무 슬퍼서 태제가 금지시켰지만 그치지 않았습니다. 그런 까닭으로 비파를 부수고 25현弦으로 만들었던 것입니다."

其年 既滅南越 上有嬖臣李延年①以好音見 上善之 下公卿議 曰 民閒祠尚有鼓舞之樂 今郊祠而無樂 豈稱乎 公卿曰 古者祀天地皆有樂 而神祇可得而禮 或曰 泰帝使素女②鼓五十弦瑟 悲 帝禁不止 故破其瑟爲二十五弦

① 李延年이연년

신주 이연년(?~서기전 87년)은 한무제가 총애하던 이 부인李夫人의 오빠이다. 《한서》〈외척外戚열전〉 '효무 이부인'에 따르면, 이연년은 노래하며 춤을 잘 추었는데 무제 앞에서, "북방에 아름다운 사람이 있어/세상과 떨어져 홀로 있네/ 한 번 돌아보면 성이 기울고/ 두번 돌아보면 나라가 기우네/ 어찌 성이 기울고 나라가 기우는 줄 모르랴만/ 아름다운 사람은 다시 얻기 어렵기 때문이지[北方有佳人/絕世而獨立/一顧傾人城/再顧傾人國/寧不知傾城與傾國/佳人難再得]"라고 노래해 자신의 여동생을 추천했다. 이 부인에게 빠진 무제는 이연년도 총애하다가 이 부인이 죽은 후 이연년에 대한 총애도 식었다고 한다.

② 泰帝使素女태제사소녀

[색은] 태제泰帝는 또한 태호太昊이다.
【索隱】 亦謂太昊也

[정의] 태제泰帝는 태호복희씨太昊伏羲氏이다.
【正義】 泰帝謂太昊伏羲氏

[신주] 소녀素女는 황제 때의 의녀醫女이자 신녀神女인데 음악에도 뛰어났다. 방중술房中術에 대한《소녀경素女經》이 그녀 작품이라고 전해지기도 한다.

이에 님월을 요새로 심고서, 태일신과 후토신后土神에게 제사 지
낼 때 처음으로 음악과 춤을 사용했고, 더하여 가아歌兒들을 부
름으로써 25현弦의[1] 비파와 공후箜篌를[2] 연주하는[作音] 것이
이때부터 일어났다.

於是塞南越 禱祠泰一 后土 始用樂舞 益召歌兒 作二十五弦[1]及箜
篌瑟[2]自此起

① 二十五弦이십오현

집해   서광은 "비파[瑟]이다."라고 했다.

【集解】 徐廣曰 瑟也

② 箜篌瑟공후슬

집해   서광은 "응소는 무제가 악인樂人 후조侯調를 시켜 처음으로 공
후箜篌를 만들게 했다고 한다."라고 했다.

【集解】 徐廣曰 應劭云武帝令樂人侯調始造箜篌

색은   응소는 "무제가 처음으로 악인樂人 후조侯調를 시켜 공후를 만
들게 했는데 소리가 균균연均均然해서 공후箜篌라고 명했다. 후侯는 그
의 성씨이다."라고 했다.

【索隱】 應劭云 武帝始令樂人侯調作 聲均均然 命曰箜篌 侯 其姓也

신주 균均은 고대 음악音樂 용어로서 십이률 각 음音을 제 1음音으로 하는 음계音階를 뜻한다.

이듬해 겨울, 황제가 의논해서 말했다.

"옛날에는 먼저 무기를 거두고 군대를 해산한① 연후에 봉선封禪을 했다고 했다."

이에 마침내 북쪽으로 가서 삭방朔方을 순행하고 병사 십여 만명을 거느리고 돌아오는 길에 교산橋山 황제총黃帝冢에 제사를 지내고 수여須如에서② 군대를 해산시켰다.

其來年冬 上議曰 古者先振兵澤旅① 然後封禪 乃遂北巡朔方 勒兵十餘萬 還祭黃帝冢橋山 澤兵須如②

① 振兵澤旅진병택려

집해 서광은 "옛날에는 '석釋'(풀다, 벗다)이 '택澤'(풀다)로 되어 있었다."고 했다.

【集解】 徐廣曰 古釋字作澤

② 須如수여

이기는 "지명地名이다."라고 했다.

【集解】 李奇曰 地名也

> 황제皇帝가 말했다.
>
> "내가 듣기에 황제黃帝께서 죽지 않았다는데 지금 무덤이 있으
> 니 어찌된 일인가?"
>
> 어떤 이가 대답해 말했다.
>
> "황제께서 이미 신선이 되어 하늘로 올라가셨는데, 여러 신하들
> 이 그의 의관衣冠으로 장례를 치른 것입니다."
>
> 곧 감천궁에 이르러 태산에서[1] 봉선을 장차 거행하기 위해[2] 먼
> 저 태일신에게 유사類祀를[3] 지냈다.
>
> 上曰 吾聞黃帝不死 今有冢 何也 或對曰 黃帝已僊上天 羣臣葬其衣
> 冠 旣至甘泉 爲且[1]用事泰山[2] 先類祠[3]泰一

① 爲且위차

爲는 발음이 '위[于僞反]'이다. 장차 봉선封禪을 하려 한다는 뜻
이다.

【正義】 爲 于僞反 將爲封禪也

② 泰山태산

도서道書(도가 계통의 책)인《복지기福地記》에는 "태산의 높이는 4,900장丈 2척이고 둘레는 2,000리이다."라고 했다.

【正義】 道書福地記云 泰山高四千九百丈二尺 周迴二千里

③ 類祀유사

하늘에 지내는 제사를 통칭한다.

> 보정寶鼎을 얻은 뒤부터 황제는 공경대부公卿大夫 및 여러 유생[諸生]들과 봉선에 대해 의논했다.① 봉선이 드물게 거행되고 끊긴 지 오래 되어서 그 의식과 예절에 대해 아는 자가 없었다. 이에 여러 유생儒生들이 봉선封禪에 대해서《상서尙書(서경)》,《주관周官(주례)》,《예기禮記》의〈왕제王制〉편에서 망사望祀와 사우射牛에 대한 일을 채용하자고 했다.②
>
> 自得寶鼎 上與公卿諸生議封禪④ 封禪用希曠絶 莫知其儀禮 而羣儒采封禪尚書 周官 王制之望祀射牛事⑤

① 議封禪의봉선

《백호통白虎通》에는 "왕자王者는 성씨를 바꾸어 일어나서 천하를 태평하게 만들면 공이 성공한 것에 대해 봉선을 하고 태평太平하다고 고하는 것이다. 양보梁父의 터[趾]에서 선禪을 행하는 것은 넓고도 두터운 것이다. 돌에 새겨 명호를 기록함[刻石紀號]으로서 자신의 공적을 드러내는 것이다. 하늘은 높은 것으로써 존귀함을 삼고 땅은 두터운 것으로써 덕德을 삼는다. 그래서 태산의 높은 것에다 단壇을 더해서 하늘에 보답하고 양보의 터에 선禪을 해서 땅에 보답하는 것이다. 봉封이란 넓게 붙이는 것이다. 선禪이란 장차 공을 서로 전수하는 것이다."라고 했다.

【正義】 白虎通云 王者易姓而起 天下太平 功成封禪 以告太平 禪梁父之趾 廣厚也 刻石紀號 著己之功績 天以高爲尊 地以厚爲德 故增泰山之高以報天 禪梁父之趾以報地 封者 附廣之 禪者 , 將以功相傳授之

② 望祀射牛事망사사우사

집해 소림은 "묘廟에 제사할 때는 그 희생을 마땅하게 활로 쏘아서 상서롭지 못한 것을 없앤다."라고 했다. 신찬은 "소를 쏘는 것[射牛]은 직접 희생을 죽이는 것을 보이는 것이다."라고 했다.

【集解】 蘇林曰 當祭廟 射其牲以除不祥 瓚曰 射牛 示親殺也

색은 천자가 직접 소를 쏘아서 친히 제사하는 것[親祭]을 보이는 것이다. 이 일이 《국어國語》에 나와 있다.

【索隱】 天子射牛 示親祭也 事見國語

제齊나라 사람 정공丁公 나이 구십여 세였는데 그가 말했다.

"봉封이란 죽지 않는다는 이름에 합당한 것입니다. 진시황은 태산에 올라서도 봉선을 지내지 못했습니다.[①] 폐하께서 반드시 오르려고 하신다면 조금 더 위로 올라가야 비바람이 없어서 마침내 봉선하실 수 있습니다."

황제가 이에 여러 유생에게 사우를 익히게 하고 봉선의식에 초안을 잡게 했다.[②] 몇 년이 지나 장차 거행하려고 할 때, 천자는 이미 공손경과 방사들의 말을 들었는데, 황제黃帝가 올라서 봉선을 함에 모든 신물이 이르고 신선神과 통했다는 것이다. 그래서 황제黃帝를 본받아 일찍이 신선인神僊人과 봉래방사蓬萊方士를 접대했고, 세속을 초월한 구황九皇과[③] 덕을 비교해서, 많은 유술가儒術家을 채용해 문장을 만들게 했다.

齊人丁公年九十餘 曰 封者 合不死之名也 秦皇帝不得上封[①] 陛下必欲上 稍上卽無風雨 遂上封矣 上於是乃令諸儒習射牛 草封禪儀[②] 數年 至且行 天子既聞公孫卿及方士之言 黃帝以上封禪 皆致怪物與神通 欲放黃帝以嘗接神僊人蓬萊士 高世比德於九皇[③] 而頗釆儒術以文之

① 秦皇帝不得上封진황제부득상봉

신주 진시황제가 봉제封祭를 위해 태산에 오르는 도중 심하게 바람이 불고 비가 쏟아져 제사를 지내지 못했음을 말한 것이다.

② 草封禪儀초봉선의

| 색은 | 그 의식이 응소應劭의 《한관의漢官儀》에 나타나 있다.
【索隱】 儀見應劭漢官儀也

| 신주 | '초草'는 '처음, 시작'과 '엉성하다, 거칠다'의 의미를 복합적으로 가지고 있다. 그래서 여기서는 '초안'이라고 풀이할 수 있다.

③ 九皇구황

| 집해 | 장안張晏은 "삼황三皇의 앞에 인황人皇이 있는데 구수九首이다."라고 말했다. 위소韋昭는 "상고上古의 인황人皇은 아홉 사람이었다."라고 했다.
【集解】 張晏曰 三皇之前有人皇 九首 韋昭曰 上古人皇者九人也

그러나 여러 유생들은 봉선에 관한 일을 분명하게 판단하지 못하고 시경이나 서경에 있는 고문古文에 구속되어 감히 그 뜻을 제대로 펴지 못했다. 주상이 봉선을 위해 만든 제기祭器들을 여러 유생에게 보여주자 유생 중에서 어떤 이가 말했다.

"옛 것과 같지 않습니다."

서언이 또 말했다.

"태상太常의[1] 여러 유생들은 예를 행하는 것이 노魯나라만큼 좋을 것 같지 않다고 합니다."

주패周霸의 등속들이 봉선의 일을 도모하려 했으나[2] 주상은 서언과 주패를 쫓아내고 여러 유생들도 내쳐서 등용하지 않았다.

輩儒既以不能辯明封禪事 又牽拘於詩書古文而不敢騁 上爲封祠器 示輩儒 輩儒或曰 不與古同 徐偃又曰 太常[1]諸生行禮不如魯善 周 霸屬圖封事[2] 於是上絀偃 霸 盡罷諸儒弗用

① 太常태상

신주 한漢나라 때, 천자가 종묘宗廟에서 지내는 제사와 예악禮樂을 관장하던 부서이다. 후세에 그 부서를 태상시太常寺라고 했다.

② 周霸屬圖封事주패속도봉사

집해 　복건은 "속屬은 모이다[會]의 의미이다. 여러 유자儒者를 모아서
봉사封事를 도모하는 것이다."라고 했다.

【集解】　服虔曰 屬 會也 會諸儒圖封事

무제가 중악의 태실산에 오르다

3월, 동쪽으로 나아가서 구지성縹氏城으로 행차해 중악中岳의 태실산太室山에^① 올라 예를 올렸다. 황제를 따르는 관리들이 산 아래 있었는데 '만세萬歲소리'가 들렸다.^② 산에 올라가 물었더니 위에서는 말하지 않았다고 했다. 산 아래에 내려가 물었으나 아래에서도 말하지 않았다고 했다. 이에 태실산을 300호三百戶로 봉해서 제사를 받들게 하고 '숭고읍崇高邑'^③이라고 명명命名했다. 동쪽 태산에 올랐는데 태산의 풀과 나무가 새싹이 돋아나지 않았다. 이에 사람을 시켜 태산 정상에 올라가 비석을 세우라고 명했다.

三月 逐東幸縹氏 禮登中嶽太室^① 從官在山下聞若有言 萬歲云^② 問上 上不言 問下 下不言 於是以三百戶封太室奉祠 命曰崇高邑^③ 東上泰山 山之草木葉未生 乃令人上石立之泰山顛

① 中嶽太室중악태실

문영은 "숭고산嵩高山(숭산)인데 영천의 양성현에 있다."고 했다. 위소는 "숭고산에 태실산太室山과 소실산少室山이 있는데 산에 석실石室이 있어서 그렇게 이름 지었다."라고 했다.

【集解】 文穎曰 嵩高山也 在潁川陽城縣 韋昭曰 嵩高山有太室 少室之山 山有石室 故以名之

② 萬歲云만세운

《한의주》에 "만세萬歲라는 칭호는 십만 명의 함성과 같은 것이다."라고 했다.

【正義】 漢儀注云 有稱萬歲 可十萬人聲

만세소리가 들렸다는 이유로 진나라 때 세워졌던 태실사를 증축하고 만세정萬歲亭과 만세관萬歲觀을 건립했다.

③ 崇高邑숭고읍

안사고는 "숭고嵩高산을 받들어 높인 것이다. 그래서 숭고崇高라고 일렀다."고 했다.

【正義】 顏師古云 以崇奉嵩高山 故謂之崇高也

주상이 동쪽으로 나아가서 해상海上을 순수하고 예를 행해 팔신八神에게① 제사를 지냈다. 제나라 사람이 신괴神怪하고 기이한 방술을 말하는 자가 만여 명에 달했지만 영험한 자는 없었다고 상소했다. 이에 더 많은 배를 띄워 해중海中에 신산神山이 있다고 말하는 자 수천 명에게 봉래산 신선을 찾으라고 명했다.

上遂東巡海上 行禮祠八神① 齊人之上疏言神怪奇方者以萬數 然無驗者 乃益發船 令言海中神山者數千人求蓬萊神人

① 八神팔신

[집해] 문영은 "무제가 태산泰山에 올라 태일太一에 제사하고 아울러 명산인 태산에 단壇을 만들어 제사하고 서남쪽을 열어서 팔통八通의 귀도鬼道를 손질하게 했다. 그래서 팔신八神이라고 말하는 것이다. 일설에는 팔방八方의 신神이라고도 한다."고 했다.

【集解】 文穎曰 武帝登泰山 祭太一 并祭名山於泰壇 西南開除八通鬼道 故言八神也 一曰八方之神

[색은] 팔신八神에 용사用事한 것이다. 상고해보니 위소가 이르기를 "팔신八神은 천天, 지地, 음陰, 양陽, 일日, 월月, 성신주星辰主, 사시주四時主가 속한다."고 했다. 지금 《교사지郊祀志》를 상고해보니 "첫째는 천주天主로서 천제天齊에 제사한다. 둘째는 지주地主로서 태산太山과 양

보梁父에 제사한다. 셋째는 병주兵主로서 치우蚩尤에 제사한다. 넷째는 음주陰主로서 삼산三山에 제사한다. 다섯째는 양주陽主로서 지부之罘에 제사한다. 여섯째는 월주月主로서 동래산東萊山에 제사한다. 일곱째는 일주日主로서 성산盛山에 제사한다. 여덟째는 사시주四時主로서 낭야琅邪에 제사한다."고 했다.

【索隱】 用事八神 案 韋昭云 八神謂天 地 陰 陽 日 月 星辰主 四時主之屬 今案郊祀志 一曰天主 祠天齊 二曰地主 祠太山 梁父 三曰兵主 祠蚩尤 四曰 陰主 祠三山 五曰陽主 祠之罘 六曰月主 祠東萊山 七曰日主 祠盛山 八曰四 時主 祠琅邪也

공손경이 부절을 가지고 늘 먼저 명산에 가서 신선을 기다렸다. 황제가 동래東萊에 이르자 공손경이 밤에 한 사람을 만났다고 말했다. 키가 수 장數丈이나 되었고 그에게 다가가면 보이지 않았지만 매우 큰 그의 발자국을 보니 발자국이 금수와 같은 것이었다고 했다. 군신들 중에도 한 노인이 개를 끌고 가는 것을 보았는데 '나는 거공巨公을[1] 만나려고 한다.'는 말을 마치고는 홀연히 보이지 않았다고 했다.

公孫卿持節常先行候名山 至東萊 言夜見一人 長數丈 就之則不見 見其跡甚大 類禽獸云 羣臣有言見一老父牽狗 言 吾欲見巨公[1] 已 忽不見

① 巨公거공

　색은　《한서음의》에 "거공巨公은 무제武帝를 이른다."고 했다.

【索隱】 漢書音義曰 巨公謂武帝

> 주상은 이미 큰 발자국을 보고도 믿지 않았으나 여러 신하들이
> 노부老父에 대해 하는 말을 듣고 대체로 신선이라 여기게 되었다.
> 이에 해상에 머물면서① 방사方士들에게 전거傳車(역마차)를 내어
> 주고 신선을 찾으라고 보낸 간사間使가 천수千數명이나 되었다.
> 上旣見大跡 未信 及群臣有言老父 則大以爲僊人也 宿留①海上 與
> 方士傳車及間使求僊人以千數

① 宿留수유

　정의　'수유秀溜'로 발음한다. 수유宿留는 오래도록 기다린다는 뜻이
다. 만약 글자에 의지해서 읽는다면 잠을 자면서 머무른다는 말로 또한
이 기다리는 바가 있는 것이므로 함께 통한다.

【索隱】 音秀溜 宿留 遲待之意 若依字讀 則言宿而留 亦是有所待 並通也

4월, 되돌아와 봉고奉高현에① 이르렀다. 황제는 여러 유생과 방사方士들이 말하는 봉선이 사람마다 다르고 경전에 근거하지도 않았기 때문에[不經] 시행하기 어렵다고 염려했다. 주상은 양보산梁父山에② 이르러 지주地主(지신[地神])에게 예로써 제사 지냈다. 을묘乙卯일에 시중侍中으로 있는 유생에게 사슴 가죽으로 만든 관과③ 홀을 꽂은 관복을 입게 하고④ 사우射牛 의식을 거행했다.

四月 還至奉高① 上念諸儒及方士言封禪人人殊 不經 難施行 天子至梁父② 禮祠地主 乙卯 令侍中儒者皮弁③薦紳④ 射牛行事

① 奉高봉고

신주 지금의 산동성山東省 태안泰安현 동북쪽에 위치했던 현이다.

② 梁父양보

신주 양보산이다. 산동山東성 태안泰安시 조래산徂徠山 남쪽 기슭으로 신태新泰시 천보天寶진 후사後寺촌 북쪽에 위치하고 있다.

③ 皮弁피변

사슴 가죽으로 만든 관으로 관에 금량金梁을 단다.

④ 薦紳진신

고대 중국에 높은 관리의 차림새를 말하는데, 신대紳帶 사이에 홀을 꽂고 있는 것이다. '진薦'은 '진搢'과 통한다.

태산 아래 동쪽에 봉토를 쌓고 태일신에게 제사하는 교제郊祭와 같게 했다. 봉토封土한 제단의 넓이는 1장丈 2척尺이고 높이는 9척이며 그 아래 옥첩서玉牒書를 두었는데 글 내용은 비밀이었다. 예를 마치고 천자는 혼자 시중봉거侍中奉車 자후子侯(곽거병의 아들)를① 데리고 태산에 올라서 또한 봉封(태산 정상에서 하늘에 지내는 제사)을 지냈다. 이 일은 모두가 누설되는 것을 금지했다.

封泰山下東方 如郊祠泰一之禮 封廣丈二尺 高九尺 其下則有玉牒 書 書祕 禮畢 天子獨與侍中奉車子侯①上泰山 亦有封 其事皆禁

---

① 子侯자후

《한서》〈백관표〉에 "봉거도위奉車都尉는 임금이 타는 수레를 관장하는데 무제가 처음으로 설치했다."고 했다. 위소는 "자후子侯는 곽거병霍去病의 아들이다."라고 했다.

다음날 산의 북쪽 길로 내려왔다. 병진丙辰일에 태산 아래의 터인 동북쪽 숙연산肅然山에서① 선禪(땅에게 지내는 제사)을 했는데 후토 后土에 제사 지내는 예와 같았다. 천자는 모두 직접 절을 하고 배알했는데 상의는 황색 옷을 입고 모두 음악을 사용했다. 강수江水와 회수淮水 사이에 자라는 한 띠 풀은 줄기가 3개인데② 이로써 신령의 자리를 만들고 오색의 흙을 섞어서 봉토封를 쌓았다.

明日 下陰道 丙辰 禪泰山下阯東北肅然山① 如祭后土禮 天子皆親 拜見 衣上黃而盡用樂焉 江淮閒一茅三脊②爲神藉 五色土益雜封

① 肅然山숙연산

집해 복건은 "숙연肅然은 산 이름인데 양보梁父에 있다."고 했다.

【集解】 服虔曰 肅然 山名 在梁父

② 一茅三脊일모삼척

집해 맹강은 "이른바 영모靈茅이다."라고 했다.

【集解】 孟康曰 所謂靈茅也

《주례》〈천관·전사甸師〉에 "제사에 쓸 소모蕭茅를 바친다."라고 했는데 주석에서 "'소蕭' 자는 또한 '술 거를 숙茜' 자이다. 숙은 '술 거를' 축縮으로 읽는다. 띠[茅]를 묶어 제사상祭祀床 앞에 세우고 그 위에 술을 부으면, 술이 스며서 아래로 내려가는데, 마치 신이 마시는 것과 같아서 축縮이라고 했다."고 했다. 《의례儀禮》의 〈사우례士虞禮〉에는 "제사 때 쓰는 저苴(깔개)는 띠를 5치 길이로 잘라서 묶는다."고 했는데, 주석에서 "저苴는 '자藉'와 같은데 깔개藉를 깔고 제사를 지낸다."고 했다. 소모蕭茅는 황제가 제사를 지낼 때 없어서는 안 되는 것으로써 강신降神과 자제藉祭의 의미를 가진다.

먼 지방에서 보내온 특별한 짐승과 날짐승, 흰 꿩 등 여러 짐승들을 제물로 놓고 성대하게 제사를 지냈다. 시우兕牛(외뿔소)나 모우旄牛(물소 종류)나 서犀(코뿔소)나 코끼리 같은 종류들은 사용하지 않았다. 모두 태산의 예를 이룬 연후에 떠났다. 봉선제를 올리는데 그날 밤 어떤 빛이 어렸고, 낮에는 백운이 봉단 안에서 솟아올랐다.

縱遠方奇獸蜚禽及白雉諸物 頗以加祠 兕旄牛犀象之屬弗用 皆至泰山然後去 封禪祠 其夜若有光 晝有白雲起封中

천자가 봉선을 기행히고 돌아와 명당明堂에① 앉자 모든 신하들
이 번갈아 만수무강을 빌었다.
天子從封禪還 坐明堂① 羣臣更上壽

① 明堂명당

집해 천자가 처음으로 태산에 봉선할 때 산의 동북쪽 터에 옛날 명
당이 있었는데, 즉 이곳이 앉은 자리였다. 그 이듬해 가을에 명당을 만
들었다.
【集解】 漢書音義曰 天子初封泰山 山東北阯古時有明堂處 則此所坐者 明
年秋 乃作明堂

이에 어사御史에게 조서를 내려서 말했다.

"짐이 보잘것없는 몸으로 지존至尊을 이어받아 조심조심하면서 직을 제대로 맡지 못할까 두려웠다. 덕은 엷고 박하며 예악禮樂에도 밝지 못하다. 그러나 상서로움을 상징하는 빛이 어리고, 태실산 망제에서 있었던 일과 같은 것이[1] 달갑게 여겨져서 신물에게 공경하는 마음이 생겼으니 그만두려고 해도 감히 그렇게 하지 못했다. 비로소 태산에 올라서 천신께 제사를 지내고 양보梁父에 다다른 후에 숙연산에서 지신께 제사를 지냈다. 짐 스스로 새롭게 하여 사대부와 함께 즐거이 다시 시작하겠노라.

於是制詔御史 朕以眇眇之身承至尊 兢兢焉懼弗任 維德菲薄 不明于禮樂 脩祀泰一 若有象景光 屑如有望[1] 依依震於怪物 欲止不敢 遂登封泰山 至於梁父 而后禪肅然 自新 嘉與士大夫更始

[1] 屑如有望설여유망

집해   신찬은 "만세라고 부르는 소리가 세 번 들렸다."라고 했다.
【集解】 瓚曰 聞呼萬歲者三

백성들에게는 100호戶마다 소 한 마리와 술 10석石을 내려 주고 80세 이상의 노인과 고아와 과부들에게는 포백布帛 두 필씩을 내리노라. 또 박博, 봉고奉高, 이구蛇丘,^① 역성歷城은^② 부역과 올해 세금을 면제하라. 천하에 사면령을 을묘乙卯년에 사면령을 내린 것처럼 하라.^③ 행차하면서 지난 곳들은 복작復作을^④ 금하라. 2년 전에 있었던 사건들은 죄를 들어서 다스리지 말라."

賜民百戶牛一酒十石 加年八十孤寡布帛二匹 復博 奉高 蛇^①丘 歷城^② 毋出今年租稅 其赦天下 如乙卯赦令^③ 行所過毋有復作^④ 事在二年前 皆勿聽治

① 蛇이

집해 정현은 "蛇는 '이移'로 발음한다."고 했다.

【集解】 鄭玄曰 蛇音移

② 歷城역성

신주 지금의 산동성山東省 제남시濟南市 역성구歷城區이다. 춘추시대에는 제읍齊邑이라 했고, 전국시대에는 역하읍歷下邑, 진조秦朝 때 역하성歷下城으로 불리다가 서기전 153년 한 경제漢景帝 때 역성현이 되었다.

③ 如乙卯赦令여을묘사령

신주 한무제漢武帝의 원삭元朔 3년의 일이다.

④ 復作복작

신주 《한서》〈선제宣帝본기〉 이기李奇의 주석에 따르면 가벼운 죄를 지은 여성 죄수들이 1년 동안 관청에서 노역하는 것이 복작이다. 맹강 孟康은 가벼운 도형徒刑일 때 사면령이 내리면 차꼬와 죄수복을 벗는 것을 이르는데, 기한이 차면 복직하는 것을 복작이라고 했다.

또 조서를 내려 말했다.

"옛날 천자는 5년에 한 번 순수하면서 태산에서 제사를 지낼 때 제후들이 조회에 들어와 머물 곳이 있었다고 했다. 제후들에게 명해서 각각 태산 아래에서 관저를 짓게 하라."①

又下詔曰 古者天子五載一巡狩 用事泰山 諸侯有朝宿地 其令諸侯 各治邸泰山下①

---

① 治邸泰山下치저태산하

집해 제후가 각자 태산에서 조회할 때 숙박할 땅에 집을 지어야 하

나 천자께서 태산에 용사用事하는 것을 허락하고 거처하는 것은 중지시
켰다.

【正義】 諸侯各於太山朝宿地起第 准擬天子用事太山而居止

천자가 태산에서 봉선을 마치니 비나 바람의 재앙이 없었다. 방
사方士들이 봉래의 여러 신산神山에 나아간다면 장차 신선을 만
날 수 있다고 다시 말하자 이에 주상은 기뻐하며 만날 수 있다
는 기대로 곧 동쪽으로 가서 바닷가에 이르러 망사를 지내고 봉
래의 신선을 만나볼 수 있기를 바랐다. 그런데 봉거도위 곽자후
霍子侯가 갑자기 병이 들어 하루 만에 죽었다. 주상이 이에 비로
소 떠나서 해상海上을 따라 북쪽으로 갈석산喝石山에 이르렀고,
요서遼西로부터 순수해서 북쪽의 변방을 지나서 구원九原에 이
르렀다.① 5월, 돌아와 감천궁에 이르렀다.② 담당 관리들이 보정
寶鼎이 나온 해를 원정元鼎이라고 했다면서 금년을 원봉元封 원
년으로 삼아야 한다고 말했다.

天子既已封禪泰山 無風雨菑 而方士更言蓬萊諸神山若將可得 於
是上欣然庶幾遇之 乃復東至海上望 冀遇蓬萊焉 奉車子侯暴病 一
日死 上乃遂去 並海上 北至碣石 巡自遼西 歷北邊至九原① 五月 返
至甘泉② 有司言寶鼎出爲元鼎 以今年爲元封元年

① 北至碣石巡自遼西歷北邊至九原북지갈석순자요서역북변지구원

무제의 순수로는 한나라의 강역을 말해준다. 동쪽 끝이 갈석임을 뜻한다. 현재 갈석산은 하북성 갈석산과 산동성 무체無棣현 갈석산의 두 개가 있는데, 한나라와 국경이었던 갈석산은 하북성 창려현 갈석산이다.

② 返至甘泉반지감천

집해 《한서음의》에 '1만 8,000리를 두루 다녔다.'고 했다.

【集解】 漢書音義曰 周萬八千里也

그해 가을, 별이 동정東井을 덮었다.① 10여 일 뒤에 또 별이 삼능三能(三公)을② 덮었다. 천기天氣를 살피는 왕삭王朔이 말했다.

"신이 홀로 기다려서 그 별이 나오는 것을 보니 호리박과 같다가③ 한 식경이 지나서[食頃]다시 들어갔습니다."

담당 관리가 말했다.

"폐하께서 한漢나라 왕실의 봉선을 일으키셨으므로 하늘에서 덕성德星으로 보답하는 것입니다."

其秋 有星茀于東井① 後十餘日 有星茀于三能② 望氣王朔言 候獨見 其星出如瓠③ 食頃復入焉 有司言曰 陛下建漢家封禪 天其報德星云

---

① 星茀于東井성불우동정

집해 위소는 "진秦나라 분야分野(별자리)이다."라고 했다. 뒤에 위태자衛太子(무제의 아들)의 병란이 있었다. 불茀은 '패佩'로 발음한다.

【集解】 韋昭曰 秦分野也 後衛太子兵亂 茀音佩

② 三能삼능

집해 위소는 "삼능三能은 삼공三公이다. 뒤에 연좌되어 처형당했다."고 했다.

【集解】 韋昭曰 三能 三公 後連坐誅之

③ 見其星出如瓠견기성출여호

색은 '견성출여호見星出如瓠'(별이 나오는 것을 보니 호리박 같았다)를 상고해보니 《교사지郊祀志》에는 "진성塡星이 나왔는데 호리병과 같았다."고 했다. 그래서 안사고는 "덕성德星이 곧 진성鎭城이다."라고 했다. 지금 상고해보니 이 기록이 오직 덕성德星을 말한 것이라면 덕성은 세성歲星이다. 세성歲星이 있는 곳에 복이 있기 때문에 덕성德星이라고 하는 것이다.

【索隱】 見星出如瓠 案 郊祀志云 塡星出如瓠 故顏師古以德星即鎭星也 今按 此紀唯言德星 則德星 歲星也 歲星所在有福 故曰德星

그 이듬해 겨울, 옹雍에서 오제五帝에게 교제를 거행하고 돌아와 태일신에게 제사 지내는데 축을 읽었다. 제사에 고해서[贊饗] 말했다.

"덕성德星이 밝게 빛났으니 아! 아름다운 징조입니다. 수성壽星이① 뒤이어 나타나 밝게 빛을 비추었습니다. 신성信星도② 밝게 나타났으니 황제는 태③축泰祝의 제사에 경배합니다."

其來年冬 郊雍五帝 還 拜祝祠泰一 贊饗曰 德星昭衍 厥維休祥 壽星① 仍出 淵耀光明 信星②昭見 皇帝敬拜泰③祝之饗

① 壽星수성

색은 수성壽星은 남극노인성南極老人星이다. 이 별이 나타나면 천하가 편안하게 다스려지므로 이렇게 말한 것이다.

【索隱】 壽星 南極老人星也 見則天下理安 故言之也

② 信星신성

색은 신성信星은 진성鎭星이다. 신信은 토土에 속하고 토土는 진성鎭星이니 《한지》에서는 덕성德星이 된 것이다.

【索隱】 信星 鎭星也 信屬土 土曰鎭星 則漢志爲德星也

③ 泰태

서광은 "다른 판본에는 태泰자가 없다."고 했다.

【集解】 徐廣曰 一無此字

그해 봄, 공손경이 동래산東萊山에서 신선을 보았는데 '천자를 만나고 싶다.'라고 말하는 것 같았다고 말했다.

천자가 이에 후지성으로 행차해서 공손경을 중대부中大夫로 제수하고 나서, 마침내 동래東萊에 이르러 며칠 동안 유숙留宿했지만 신선은 나타나지 않고 대인의 발자국만 보았다. 다시 신괴神怪를 찾고 지초芝草를 캐라고 보낸 방사가 수천 명이었다.

其春 公孫卿言見神人東萊山 若云 見天子 天子於是幸緱氏城 拜卿爲中大夫 遂至東萊 宿留之數日 毋所見 見大人跡 復遣方士求神怪采芝藥以千數

이 해에 가뭄이 들었다. 그래서 천자는 나갈 명분이 없자 만리사
萬里沙에서[1] 기도를 하고 지나면서 태산에서[2] 제사를 올리고 돌
아와 호자瓠子에[3] 이르러 스스로 터진 황하의 둑을 막았는데[4]
이틀 간 머무르면서 침사沈祠하고[5] 떠났다. 두 사람의 경卿에게
군사를 거느리고 터진 황하를 막게 했는데 황하를 두 도랑으로
옮겨서 우禹임금이 치수했던 옛날 자취를 회복했다.[6]
是歲旱 於是天子既出毋名 乃禱萬里沙[1] 過祠泰山[2] 還至瓠子[3] 自
臨塞決河[4] 留二日 沈祠[5]而去 使二卿將卒塞決河 河徙二渠 復禹之
故跡焉[6]

① 萬里沙만리사

[집해] 응소는 "만리사萬里沙는 신사神祠인데 동래 곡성에 있다."고 했
다. 맹강은 "만리사로 가는 지름길이 300여 리이다."라고 했다.

【集解】 應劭曰 萬里沙 神祠也 在東萊曲城 孟康曰 沙徑三百餘里

② 泰山태산

[집해] 등전은 "태산泰山에서 동쪽으로 다시 소태산小泰山이 있다."고
했다. 신찬은 "곧 지금의 태산이다."라고 했다.

【集解】 鄧展曰 泰山自東復有小泰山 瓚曰 卽今之泰山

③ 瓠子호자

집해 복건은 "호자瓠子는 제방 이름이다."라고 했다. 소림은 "견성甄城 남쪽과 복양濮陽 북쪽에 있는데 넓이는 100보步이고 깊이는 5장五丈인 곳이다."라고 했다. 신찬은 "황하가 터지는 곳의 이름이다."라고 했다.

【集解】 服虔曰 瓠子 隄名 蘇林曰 在甄城以南 濮陽以北 廣百步 深五丈所 瓚曰 所決河名

색은 호자瓠子는 황하가 터진 곳의 이름이다. 소림은 "견성 남쪽과 복양 북쪽에 있는데 넓이는 100보이고 깊이는 5장丈이다."라고 했다.

【索隱】 瓠子 決河名 蘇林曰 在甄城南 濮陽北 廣百步 深五丈

④ 自臨塞決河자림색결하

색은 상고해보니《하거서》에는 "무제 스스로 임해서 황하가 터진 곳을 막았는데, 장군 이하가 모두 나무를 졌다."고 했다.

【索隱】 按 河渠書武帝自臨塞決河 將軍已下皆負薪也

⑤ 沈祠침사

색은 상고해보니 황하가 터진 곳에 백마白馬를 빠뜨려 제사 지내고 이에 〈호자가瓠子歌〉를 지었는데《하거서》에 나와 있다.

【索隱】 按 沈白馬祭河決 於是作瓠子歌 見河渠書

신주 백마를 황하게 빠뜨려서 하신河神에게 제사 지내는 것이다.

⑥ 使二卿將卒塞決河~復禹之故跡焉사이경장졸색결하~복우지고적언

신주 우임금의 치수에 대해《맹자》〈등문공 상〉편과 〈이루離婁 하〉편에서 설명하고 있다. 무제도 또한 "우임금은 구강을 소통시키고 사독을 개통했다."고 맹자의 말을 인용하여 어사에게 말함으로써 우임금이 썼던 치수방법을 이용하여 황하의 범람을 해결했음을 알 수 있다.

조선을 침략하다

이때는 이미 남월南越을 멸망시켰는데 월越나라 사람 용지勇之
가① 말했다.

"월나라 사람들의 풍속에 귀신을 믿어 그 제사 때 모두 귀신을
보고 여러 번 효험이 있었습니다. 옛날 동구왕東甌王도② 귀신을
공경하여 160세까지 수를 누렸습니다. 그러나 후세에 귀신을 업
신여기고 태만히 대했기 때문에 쇠퇴하게 되었습니다."

이에 남월의 무당을 시켜 월축사越祝祠를 세우게 했는데 묘대廟
臺는 안정되게 했지만 제단祭壇은 없었다. 또한 천신天神, 상제
上帝, 백귀百鬼에게 제사를 지내게 하고 닭 뼈로 점을 치라고 했
다.③ 천자가 이를 믿고 월사越祠에서 처음으로 계복鷄卜(닭으로 치
는 점)을 사용했다.

是時既滅南越 越人勇之①乃言 越人俗信鬼 而其祠皆見鬼 數有效
昔東甌王②敬鬼 壽至百六十歲 後世謾怠 故衰耗 乃令越巫立越祝祠
安臺無壇 亦祠天神上帝百鬼 而以雞卜③上信之 越祠雞卜始用焉

① 勇之용지

集해　위소는 "월越나라 땅의 사람 이름이다."라고 했다.

【集解】　韋昭曰 越地人名也

② 東甌王동구왕

신주　동구왕(?~서기전 185년)의 이름은 요搖 성姓은 추騶이며 일설에 낙駱라고도 한다. 진한시대 동구국의 왕이다. 그는 진말秦末 때 진조에 저항하는 봉기에 참여했고, 후에 초한의 싸움에서 유방을 도와 항우를 패퇴시켰다. 한나라가 건립된 이후 동구왕東甌王에 책봉되어 동구국東甌國을 건국했다.

③ 雞卜계복

집해　《한서음의漢書音義》에는 "닭의 뼈를 가지고 점을 치는데 서복鼠卜과 같다."고 했다.

【集解】　漢書音義曰 持雞骨卜 如鼠卜

정의　계복법雞卜法(닭의 뼈로 점치는 법)은 닭 한 마리, 개 한 마리를 쓰는데 살아 있을 때 축원을 마치면 곧 닭과 개를 죽여서 삶아 익힌 후 또 제사한다. 닭만 홀로 취해서 두 눈으로 살피는데[獨取雞兩眼], 뼈 위에 저절로 구멍이 벌어진 곳이 있어서 사람의 형상과 비슷하면 길하고 부족하면 흉하다. 지금 영남嶺南에서 아직도 이 방법을 사용한다.

【正義】 雞卜法用雞一 狗一 生 祝願訖 即殺雞狗煮熟 又祭 獨取雞兩眼 骨 上自有孔裂 似人物形則吉 不足則凶 今嶺南猶此法也

공손경이 말했다.

"선인僊人을 만나볼 수 있어도 황제께서 가실 때 늘 급히 가시기 때문에 만나지 못하는 것입니다. 지금 폐하께서는 관을 만드시고 후지성처럼[如緱氏城]① 육포와 대추를 두시면 신인神人이 마땅히 이를 것입니다. 또 선인은 누대樓臺에 사는 것을 좋아합니다."

이에 천자가 장안長安에 곧 비렴계관蜚廉桂觀을② 짓고 감천궁에 익연수관益延壽觀을 지으라고 명했다.③ 공손경에게는 부절符節 을 가지고 제구들을 설치해 신선神仙을 기다리게 하고, 곧 통천 대通天臺를④ 지어 제구祭具를 그 아래에 두게 하고선 장차 신선 의 무리들을 불러오도록 했다.

公孫卿曰 僊人可見 而上往常遽 以故不見 今陛下可爲觀 如①緱氏城 置脯棗 神人宜可致 且僊人好樓居 於是上令長安則作蜚廉桂觀② 甘 泉則作益延壽觀③ 使卿持節設具而候神人 乃作通天臺④ 置祠具其 下 將招來神僊之屬

① 如여

　집해　위소는 "여如는 '비比'와 같다."고 했다.
【集解】　韋昭曰 如猶比也

② 蜚廉桂觀비렴계관

　집해　응소는 "비렴蜚廉은 신수神獸인데 바람을 일으키는데 능하다.". 진작은 "몸은 사슴과 같고 머리는 참새와 같은데 뿔이 있고 뱀 같은 꼬리가 있으며 무늬는 표범의 문양과 같다."고 했다.
【集解】　應劭曰 飛廉神禽 能致風氣 晉灼曰 身如鹿 頭如雀 有角而蛇尾 文如豹文也

　신주　안사고는 응소의 말을 인용하여 "비렴은 풍백風伯이라."고 했다. 《회남자》〈숙진훈俶眞訓〉편의 고유高誘 주석에는 "비렴蜚廉은 짐승의 이름으로 긴 털과 날개가 있다. 풍신風神이다."라고 했다. 《맹자》와 《한서》〈무제기〉에도 '비렴飛廉'으로 기록했다.

③ 長安則作蜚廉桂觀甘泉則作益延壽觀장안칙작비렴계관감천칙작익연수관

　신주　《자치통감資治通鑑》의 한무제원봉이년漢武帝元封二年에 이 문장을 인용하고 있는데, 호삼성胡三省의 주注에서 안사고顏師古의 말을 인용하여 "비렴蜚廉, 계관桂館, 익수益壽, 연수延壽의 네 관명館名이다."고 했다.

④ 通天臺통천대

집해 서광은 "감천궁甘泉宮에 있다."고 했다.

【集解】 徐廣曰 在甘泉

색은 《한서》에는 "통천대를 감천궁에 지었다."고 했다. 상고해보니 《한서구의》에 "대臺의 높이는 30장丈이고 장안長安과 200리 거리인데 장안성을 바라볼 수 있다."고 했다.

【索隱】 漢書作通天臺於甘泉宮 案 漢書舊儀臺高三十丈 去長安二百里 望見長安城也

이에 감천궁에는 다시 전전前殿을 설치하고 여러 궁실을 넓히기 시작했다.① 여름에 지초芝草가 궁전의 방안에서 자라고 있었다.② 천자가 황하의 터진 둑을 막고 통천대를 세우니 빛이 나는 듯했다.③ 이에 조서를 내려 말했다.

"감천궁 궁전방에서 지초芝草 아홉 줄기가④ 자라났으니 천하에 사면령을 내리고 복작復作을⑤ 금하라."

於是甘泉更置前殿 始廣諸宮室① 夏 有芝生殿防內中② 天子爲塞河 興通天臺 若有光云③ 乃下詔曰 甘泉防生芝九莖④ 赦天下 毋有復作⑤

① 始廣諸宮室시광제궁실

요씨가 상고해보니 양웅이 이르기를 "감천은 본래 진秦나라 이궁離宮으로써 이미 매우 화려했지만 무제가 통천대와 영풍궁迎風宮을 더 지었다. 가까운데 홍애洪崖와 저서儲胥가 있고 먼 곳에 석관石關, 봉만封巒, 지작鳷鵲, 노한露寒, 당리관棠梨觀 등이 있다. 또 고화高華, 온덕관溫德觀, 증성궁曾成宮, 백호白虎, 주구走狗, 천제天梯, 요대瑤臺, 선인仙人, 노법弩法, 상사관相思觀이 있다."고 했다.

【索隱】 姚氏案 楊雄云甘泉本因秦離宮 旣奢泰 武帝增通天臺 迎風宮 近則有洪崖 儲胥 遠則石關 封巒 鳷鵲 露寒 棠等觀 又有高華 溫德觀 曾成宮 白虎 走狗 天梯 瑤臺 仙人 弩法 相思觀

② 芝生殿防內中지생전방내중

집해 서광은 "원봉 2년이다."라고 했다.
【集解】 徐廣曰 元封二年也

색은 지초가 궁전 방안에서 자랐다. 상고해보니 지초 아홉 줄기가 자라서 이에 〈지방가芝房歌〉를 지었다고 했다.
【索隱】 芝生殿房中 案 生芝九莖 於是作芝房歌

③ 興通天臺若有光云흥통천대약유광운

집해 이기는 "이를 위해 일을 만들었는데 빛이 응했다."고 했다. 신찬은 "통천대를 만들었다."라고 했다.

【集解】 李奇曰 爲此作事而有光應 瓚曰 作通天臺也

④ 芝九莖지구경

집해 응소는 "지芝는 지초芝草인데 그 잎사귀가 서로 연결되어 있다."고 했다. 여순은 《서응도瑞應圖》에는 왕자王者가 늙은이를 공경하게 섬기고 옛 친구를 잃지 않으면 지초가 자라난다."라고 했다.

【集解】 應劭曰 芝 芝草也 其葉相連 如淳曰 瑞應圖云王者敬事耆老 不失舊故 則芝草生

⑤ 復作복작

신주 전한시대 형률刑律의 명칭이다. 형刑의 복역하는 대신 노역하는 부녀자를 가리킨다. 죄를 범한 자는 형구刑具에서 복역하지 않고 관부에서 노역했다. 형기는 1년이었다. 안사고의 주석을 이기李奇가 인용하여 "복작復作은 여자 죄인이다. 경범죄를 이르는데, 남자는 1년 동안 수자리를 가서 지키지만 여자는 연약해서 수자리를 맡지 않고 관부에서 복작을 1년 동안 하게 하였다. 그래서 복작의 죄인이라고 이른다."고 했다. 이에 대해 이기의 주장은 《한구의》에서 복작을 여도女徒라고 한 사실과 선제宣帝의 유모가 복작의 죄인이었던 것에 근거한 것이지만, 복작 중에 남자도 확인되기 때문에 타당하지 않다는 비판도 많다. 맹강은 "복復의 발음은 복服이라고 했다.

> 그 이듬해에 조선朝鮮을[①] 정벌했다. 여름에 가뭄이 있었다. 공손
> 경이 말했다.
>
> "황제黃帝 때 제단을 쌓자 하늘이 가뭄을 내려 제단을 3년 동안
> 말렸습니다."[②]
>
> 천자가 조서를 내려서 말했다.
>
> "하늘이 가문 것은 제단을 쌓은 흙을 말리려는 뜻이 아니겠는
> 가? 천하에 명령을 내려 영성靈星을[③] 받들어 제사지내라."
>
> 其明年 伐朝鮮[①] 夏 旱 公孫卿曰 黃帝時封則天旱 乾封[②]三年 上乃
> 下詔曰 天旱 意乾封乎 其令天下尊祠靈星[③]焉

① 其明年伐朝鮮기명년벌조선

신주 무제는 원봉元封 2년(서기전 109년) 조선 침략에 나서 원봉 3년
(서기전 108년)에 조선을 무너뜨리고 그 자리에 한사군을 설치했다. 한
사군의 위치에 대해서는 많은 논란이 있었다. 사마천은 〈조선열전〉에
서 전쟁 결과에 대해 '비로소 조선을 정벌하고 사군으로 삼았다[以故遂
定朝鮮, 爲四郡]'라고만 썼을 뿐 사군의 명칭도 쓰지 않았다. 뿐만 아니라
이 전쟁과 관련된 위산衛山, 제남태수 공손수公孫遂, 좌장군左將軍 순체
荀彘가 사형당하고 누선장군樓船將軍 양복楊僕은 속전贖錢을 바친 끝에
겨우 목숨을 건지고 서인으로 강등되어 아무도 제후로 승진하지 못했
다고 전하고 있다.

한나라 무제 시기의 영토 확장

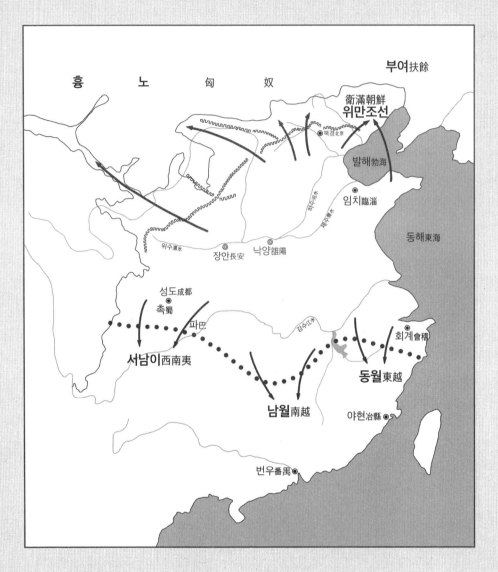

부여扶餘

흉 노 匈 奴

衛滿朝鮮
위만조선

발해勃海

임치臨淄

동해東海

북경北京

하수河水

제수濟水

위수渭水

장안長安

낙양雒陽

성도成都

촉蜀

파巴

강수江水

회계會稽

서남이西南夷

남월南越

동월東越

야현冶縣

번우番禺

【참고문헌】
司馬遷,《史記》〈朝鮮列傳〉〈匈奴列傳〉〈西南夷列傳〉〈南越列傳〉
班固,《漢書》〈武帝紀〉

반면 조선의 항신降臣들은 모두 제후로 책봉되었다. 한사군의 명칭은 《한서》에 '낙랑, 임둔, 진번, 현도'라고 등장하는데, 《한서》〈지리지〉에 따르면 현재의 북경 부근인 유주幽州에 소속된 군郡으로 기록하고 있다. 사군 중 임둔, 진번군은 서기전 82년 폐지되고 낙랑, 현도군만 남게 되었다. 《한서》〈지리지〉 요동군 험독현險瀆縣조의 주석에서 응소는 "조선왕 위만의 도읍지이다[朝鮮王滿都也]"라고 말했고, 신찬은 "왕험성은 낙랑군 패수 동쪽에 있는데, 이것이 험독이다[王險城在樂浪郡浿水之東, 此自是險瀆也]"라고 말했고, 안사고는 "신찬의 말이 맞다[瓚說是也]"고 동조했다. 한나라는 위만조선의 도읍지였던 왕험성을 요동군 소속의 험독현으로 삼았다는 뜻인데, 《사기》〈조선열전〉 주석에서 서광은 "창려昌黎에 험독현이 있다."고 말했는데, 현재 하북성에 창려가 있다.

《사기》〈소진열전蘇秦列傳〉에는 "연燕나라 동쪽에 조선과 요동이 있다[燕東有朝鮮, 遼東]"라는 기록이 있어서 고조선이 고대 요동과 함께 만주 서쪽에 있었음을 말해주고 있다. 《한서》〈지리지〉의 낙랑군 조선현에 대해서 응소는 "주나라 무왕이 기자를 조선에 봉했다[武王封箕子於朝鮮]"라고 주석했다. 고조선의 왕험성, 낙랑군 험독현이 있었다는 창려에 고조선과 진·한나라의 국경이었던 갈석산이 있다. 그 북쪽에 노룡盧龍현이 있는데, 청나라 고조우顧祖禹가 편찬한 지리지 《독사방여기요讀史方輿紀要》는 지금의 노룡현인 영평부永平府에 대한 설명에서 "수나라에서 노룡현으로 개칭했다. 또 조선성이 있는데, 영평부 북쪽 40리에 있으며 한나라 낙랑군 속현이었다[隋改曰盧龍縣, 又朝鮮城, 在府北四十裏, 漢樂浪郡屬縣也]"라고 설명했다. 지금의 하북성 노룡현에 낙랑군을 다스리던 조선현이 있었다는 설명이다. 낙랑군은 평양 일대에 있지 않았다.

② 乾封간봉

집해 소림은 "하늘이 가무는 것은 단을 쌓은 흙을 말리고자 하는 것이다."라고 했다. 여순은 "다만 제사에 신주를 세우지 않고 봉封을 건조시킨 것이다."라고 했다.

【集解】 蘇林曰 天旱欲使封土乾燥 如淳曰 但祭不立尸爲乾封

정의 건乾은 발음이 '간干'이다. 소림은 "하늘이 제단의 흙을 말리기 위해서 가문 것이다."라고 했다. 안사고는 "3년 동안 비가 오지 않은 것은 제단의 흙을 햇볕에 쪼여 말리려는 것이다."라고 했다. 정씨鄭氏는 "다만 제사에 신주를 세우지 않고 봉封을 건조시킨 것이다."라고 말했다.

【正義】 乾音干 蘇林云 天旱欲使封土乾燥也 顏師古云 三歲不雨 暴所封之土令乾 鄭氏云 但祭不立尸爲乾封

③ 靈星영성

정의 영성은 곧 용성이다. 장안은 "용성의 좌각左角은 천전天田인데, 곧 농사가 상서로운 것이다. 이 별이 나타나면 제사를 올린다."고 했다.

【正義】 靈星即龍星也 張晏云 龍星左角曰天田 則農祥也 見而祭之

그 이듬해 천자는 옹雍에서 교제를 지내고 회중回中의[①] 길을 통
해 순수했다. 봄에 명택鳴澤에[②] 이르렀다가 서하西河를 따라 장
안으로 돌아왔다.
其明年 上郊雍 通回中[①]道 巡之 春 至鳴澤[②] 從西河歸

① 回中회중

집해   서광은 "부풍 견현에 있다."고 했다.
【集解】 徐廣曰 在扶風汧縣

② 鳴澤명택

집해   복건은 "명택은 연못 이름이다. 탁군涿郡 주현遒縣 북쪽 경계
에 있다."고 했다.
【集解】 服虔曰 鳴澤 澤名也 在涿郡遒縣北界

그 다음해 겨울, 천자는 남군南郡을 순수하고[1] 강릉江陵에 이르 렀다가 동쪽으로 갔다. 잠현潛縣의 천주산天柱山에[2] 올라 제사 를 지내고 '남악南嶽'이라고 호칭했다.[3] 강수江水(양자강)에서 배 를 타고 심양尋陽에서[4] 종양樅陽으로[5] 나가 팽려彭蠡를[6] 지나 면서 그곳의 이름 있는 산천에 제사를 지냈다. 북쪽으로 낭야琅 邪에 이르렀다가 바다를 따라 올라갔다. 4월 중에는 봉고奉高에 이르러 봉제封祭를 지냈다.

其明年冬 上巡南郡[1] 至江陵而東 登禮潛之天柱山[2] 號曰南嶽[3] 浮 江 自尋陽[4]出樅陽[5] 過彭蠡[6] 祀其名山川 北至瑯邪 並海上 四月中 至奉高脩封焉

① 上巡南郡상순남군

집해 서광은 "원봉 5년(서기전 106년)이다."라고 했다.

【集解】 徐廣曰 元封五年

② 天柱山천주산

신주 안휘성 안경시安慶市 잠산현潛山縣의 서쪽에 위치하고 있다. 천 주산은 잠산潛山, 완산皖山, 완공산皖公山, 만세산萬歲山, 만산萬山 등으 로 불린다. 여기서는 잠산현의 경내에 있는 천주봉을 가리킨다.

③ 潛之天柱山號曰南嶽잠지천주산호왈남악

집해   응소는 "잠현은 여강에 속한다. 남악은 곽산이다."라고 했다.
문영은 "천주산天柱山은 잠현 남쪽에 있는데 사祠가 있다."고 했다.
【集解】 應劭曰 潛縣屬廬江 南嶽 霍山也 文穎曰 天柱山在潛縣南 有祠

④ 尋陽심양

신주   현 이름이다. 지금의 호북성湖北省 황매黃梅현 서남쪽에 있었다.

⑤ 樅陽종양

집해   〈지리지〉에 여강은 종양현에 있다고 했다.
【集解】 地理志廬江有樅陽縣

⑥ 彭蠡팽려

신주   지금의 파양호鄱陽湖를 뜻한다. 현재 청해호青海湖 다음으로
큰 중국 두 번째 호수인데, 강서성江西省 북부와 양자강 남안에 위치하
고 있다. 남북 길이 173㎞, 동서로 가장 긴 길이는 74㎞이며 평균 넓이
16.9㎞이다. 호수 북쪽이 장강長江과 연결되어 있다.

치음 천자가 태산에서 봉제封祭를 지낼 때 태산 동북쪽 기슭에 옛날 명당처明堂處가 있었는데 험준한데다가 앞이 트이지 않았다. 천자는 봉고奉高 부근에 명당을 지으려고 했지만 명당을 짓는 제도를 알지 못했다. 제남濟南 사람 공옥대公玉帶가[1] 황제黃帝 때의 〈명당도明堂圖〉를 올렸다. 명당도에는 안에 전당이 하나 있는데 사면四面에는 벽이 없고 지붕은 띠풀로 덮었으며 물을 통하게 하고 있었다. 궁에는 담이 둘러 있고 복도複道를 만들었으며 위에는 누각이 있는데 서남쪽으로 따라서 들어가게 되어 있었다. 이 길을 곤륜昆崙이라고[2] 명명命名하고 무제皇帝가 이 길을 따라 들어가서 상제에게 절하고 제사 지냈다. 그래서 천자가 봉고현奉高縣에 명해서 공옥대가 바친 설계도와 같게 문수汶水 가에 명당明堂을 짓게 했다.[3]

初 天子封泰山 泰山東北阯古時有明堂處 處險不敞 上欲治明堂奉高旁 未曉其制度 濟南人公玉帶[1]上黃帝時明堂圖 明堂圖中有一殿 四面無壁 以茅蓋 通水 圜宮垣爲複道 上有樓 從西南入 命曰昆侖[2] 天子從之入 以拜祠上帝焉 於是上令奉高作明堂汶上[3] 如帶圖

① 公玉帶공옥대

집해 옥玉에 대해 어떤 이는 '숙肅'이라고 했다. 공옥公玉은 성씨이고 대帶는 이름이다. 요씨姚氏는 상고해보니 《풍속통》에는 제민왕齊湣王

의 신하에 공옥염公王弇이 그의 후손이라고 했다. 발음은 '옥[語錄反]'이
다.《삼보결록》는 두릉에 옥씨가 있는데 발음은 '숙'이라고 했다.《설문》
에는 종옥從玉으로 되어 있는데 발음은 축목畜牧의 '축畜'이라고 했다.
지금 공옥公王(공숙)을 읽을 때는《삼보결록》과 발음이 같다. 그러나 두
성씨는 단성單姓과 복성複姓의 차이만 있다. 단성이 '숙肅'인데, 후한後漢
의 사도司徒인 옥황玉況(숙황)이 그의 후예이다.

【索隱】 王 或作 肅 公王 姓 帶 名 姚氏按 風俗通齊湣王臣有公王弇 其後
也 音語錄反 三輔決錄云杜陵有王氏 音肅 說文以爲從王 音畜牧之畜 今讀
公王與決錄音同 然二姓單複有異 單姓者肅 後漢司徒王況是其後也

② 昆侖곤륜

색은   공옥대의 〈명당도〉에는 그 가운데가 복도複道가 되고 루樓가
있으며 서남쪽에서 들어오는데 그 길을 이름하여 곤륜崑崙이라고 했다.
그것은 곤륜산昆侖山의 오성五城과 12개 루樓가 같기 때문에 이름했다
고 말한 것이다.

【索隱】 王帶明堂圖中爲複道 有樓從西南入 名其道曰崑崙 言其似崑崙山
之五城十二樓 故名之也

③ 作明堂汶上작명당문상

집해   서광은 "원봉 2년(서기전 108년) 가을에 있었다."고 했다.
【集解】 徐廣曰 在元封二年秋

5년 뒤, 봉선을 하면서 대일신과 오제五帝를 명당의 상좌上坐에 모셔 제사를 지내고, 고황제高皇帝(유방)는 상좌 맞은편에 모시고 제사 지내게 했다. 후토신后土神은 하방下房에서 제사를 지냈는데 20마리의 태뢰太牢를 사용했다. 천자가 곤륜도를 따라 들어가 처음으로 명당에 참배하였는데, 교제郊祭의 예와 같이 했다. 예를 마치고 당하堂下에서 요제燎祭를 지냈다. 천자는 태산에 올라서 정상에서 비밀리에 엎드려 제사를 지냈다. 그리고 태산 아래에서 오제五帝에 제사를 지낼 때는 각각 해당하는 방위와 같게 지냈다. 황제黃帝는 적제赤帝와 함께 담당 관리들이 모셔서 제사를 지냈다. 제사 지낼 때 태산 위에서 횃불을 들면 아래에서도 횃불을 들어서 응대하게 했다.

及五年脩封 則祠泰一 五帝於明堂上坐 令高皇帝祠坐對之 祠后土 於下房 以二十太牢 天子從昆侖道入 始拜明堂如郊禮 禮畢 燎堂下 而上又上泰山 有祕祠其顛 而泰山下祠五帝 各如其方 黃帝并赤帝 而有司侍祠焉 泰山上舉火 下悉應之

2년 뒤 11월 갑자甲子일 초하루 아침 동지에 역법曆法을 추산하는 자는 이 날을 시작으로 삼아서 역법의 계통을 세웠다[本統] 천자가 직접 태산에 이르러 11월 갑자甲子 초하루 아침 동짓날에 상제上帝께 명당에서 제사 지내고① 봉선은 지내지 않았다.② 제사를 올리며 고해 말했다.

"하늘에서 황제에게 태원泰元의③ 신책神策을 더해 주셔서 일월이 한 바퀴 돌면 다시 시작하게 하셨습니다.④ 황제는 태일신에게 경배합니다."

동쪽으로 해상海上에 이르러 바다로 들어갔거나 신선을 찾았다는 방사方士를 조사했지만 증험한 자가 없었다. 그러나 더 많이 파견해 신선을 만나기를 바랐다.

其後二歲 十一月甲子朔旦冬至 推歷者以本統 天子親至泰山 以十一月甲子朔旦冬至日祠上帝明堂① 每修封禪② 其贊饗曰 天增授皇帝泰元③神筴 周而復始④ 皇帝敬拜泰一 東至海上 考入海及方士求神者 莫驗 然益遣 冀遇之

① 祠上帝明堂사상제명당

집해 서광은 "늘 5년에 한 번 제사지낼 뿐이다. 지금 2년이 지났을 뿐이다. 그래서 다만 명당에서 제사한 것이다."라고 했다.

【集解】 徐廣曰 常五年一脩耳 今適二年 故但祀明堂

② 每脩封禪매수봉선

《사기》〈봉선서〉에는 '무수봉선毋脩封禪'(봉선을 지내지 않았다)라고 되어 있다. 그리고 "5년에 한 번 봉선하는데 2년밖에 지나지 않았으므로 지내지 않는 것이다."라는 서광의 주석이 붙어 있다. 그래서 매每자는 무毋자로 고치는 것이 맞을 것이다.

③ 泰元태원

하늘의 별칭이다.

④ 周而復始주이부시

상고해보니 천향지사薦饗之辭(제사 때 올리는 말)는 하늘이 황제皇帝에게 태원泰元 신책神筴을 주어서 한 바퀴 돌면 다시 시작하게 된다고 말한 것이다. 또 상고해보니 황제黃帝에게 제사를 올려서 보정寶鼎과 신책神筴을 얻었는데, 즉 태고의 상황上皇이 창제한 역법의 이름이다. 그래서 이를 태원신책泰元神筴이라고 이르는데 한 바퀴 돌면 다시 시작하는 것이다.
【索隱】 案 薦饗之辭言天授皇帝泰元神筴 周而復始 又案 上黃帝得寶鼎神筴 則太古上皇創曆之號 故此云太元神筴 周而復始也

11월 을유乙酉에[1] 백량대柏梁臺에 불이 났다. 12월 갑오甲午 초 하루에 황제가 직접 고리高里에서[2] 선제禪祭를 지내고 후토后土에게 제사를 올렸다. 그리고 발해渤海에 도착 해 봉래蓬萊에 속한 여러 신에게 망사望祠를 지내 수정殊庭에 이르기를 바랐다.[3]

十一月乙酉[1] 柏梁災 十二月甲午朔 上親禪高里[2] 祠后土 臨渤海 將以望祠蓬萊之屬 冀至殊庭焉[3]

① 乙酉을유

[집해] 서광은 "22일이다."라고 말했다.

【集解】 徐廣曰 二十二日也

② 高里고리

[집해] 복엄은 "산 이름인데 태산 아래 있다."고 했다.

【集解】 伏儼曰 山名 在泰山下

③ 蓬萊之屬冀之殊庭焉봉래지속기지수정언

[집해] 《한서음의》에 "봉래정蓬萊庭이다"라고 했다.

【集解】 漢書音義曰 蓬萊庭

기익자가 《한서》에는 '기幾' 자로 되어 있는데 기幾는 가깝다는 뜻이다. 기冀는 바라는 것[望]으로써 역시 뜻이 통한다. 복건은 "봉래 안의 선인仙人이다. 수정殊庭은 다르다는 뜻이다. 선인仙人이 이역異域으로 들어가는 것을 말한 것이다."라고 했다.

【索隱】 冀 漢書作 幾 幾 近也 冀 望也 亦通 服虔曰 蓬萊中仙人 殊庭者 異也 言入仙人異域也

신주 수정殊庭은 봉래산蓬萊山에 있는 신선이 사는 곳을 말한다.

황제는 장안으로 돌아와 백량대에 불이 난 일 때문에 감천궁에서[1] 조회를 받았다. 공손경公孫卿이 말했다.

"황제께서는 청령대青靈臺를 지으신 지 열 이틀[2] 만에 불에 타자 명정明庭을 지으셨습니다. 명정明庭이란 감천궁을 말합니다."

방사方士들이 옛날 감천甘泉에 도읍한 제왕들이 있었다고 많이 말했다. 그 후 천자는 또 감천궁에서 제후들의 조회를 받고 감천에 제후들의 저택을 짓게 했다. 월나라의 용지勇之가 말했다.

"월나라의 풍속에는 불이 나서 다시 집을 지을 때는 반드시 더 크게 지어 불을 복종시켜 이겼습니다."

上還 以柏梁災故 朝受計甘泉[1] 公孫卿曰 黃帝就青靈臺 十二日[2]燒 黃帝乃治明庭 明庭 甘泉也 方士多言古帝王有都甘泉者 其後天子 又朝諸侯甘泉 甘泉作諸侯邸 勇之乃曰 越俗有火災 復起屋必以大 用勝服之

① 甘泉감천

정의 고윤은 "백량柏粱이 불에 탔다. 그래서 옛날 물건들을 기록한 것을 감천에서 받았다."는 뜻이라고 했다. 안사고는 "군국郡國의 회계 장부를 받은 것이다."라고 했다.

【正義】 顧胤云 柏粱被燒 故受記故之物於甘泉也 顏師古曰 受郡國計簿也

신주 감천甘泉의 이름에 물이 있기 때문에 오행五行의 수극화水克火 (물은 불을 이긴다)에 따라서 감천궁에서 조회했다는 뜻이다. 오행상극五 行相克은 금극목金克木, 목극토木克土, 토극수土克水, 수극화水克火, 화 극금火克金이다.

② 日일

집해 서광은 "일日자가 다른 판본에는 월月자로 되어 있다."고 했다.

【集解】 徐廣曰 日 一作月

이에 건장궁建章宮을① 지었는데 헤아려보니 문이 1,000개이고 방이 1만 개였다[千門萬戶]. 전전前殿은 미앙궁보다 높았고, 그 동쪽 봉궐鳳闕이 20여 장丈이었다.② 그 서쪽에는 당중唐中이③ 있는데 수십여 리가 되는 호랑이 우리[虎圈]가④ 있었다. 그 북쪽에는 큰 연못을 파고 점대漸臺⑤를 세웠는데, 높이가 20여 장丈이나 되었으며 태액⑥지泰液池라고 이름 지었다.

於是作建章宮① 度爲千門萬戶 前殿度高未央 其東則鳳闕 高二十餘丈② 其西則唐中③ 數十里虎圈④ 其北治大池 漸臺⑤高二十餘丈 名曰泰液⑥池

① 建章宮건장궁

정의 《괄지지》에는 "건장궁은 옹주 장안현 서쪽 20리에 있는데 장안長安 고성의 서쪽이다."고 했다.

【正義】 括地志曰 建章宮在雍州長安縣西二十里長安故城西

② 鳳闕高二十餘丈봉궐고이십여장

색은 《삼보황도》에는 "무제가 건장궁을 짓고 봉궐을 일으켰는데 높이가 35장[三十五丈]이다."라고 말했다. 《관중기》에는 "일명 별풍別風인데, 사방四方의 경관[風]이 다르다고 말한 것이다."라고 했다. 〈서경부西

京賦〉에 "창합閶闔 안 별풍別風이 초요嶕嶢(높고도 높다)하다."고 한 것이 이것이다.《삼보고사》에는 "북쪽에는 환궐圜闕(둥근 대궐)이 있는데 높이는 20장이고 위에 동으로 만든 봉황[銅鳳皇]이 있다. 그래서 봉궐鳳闕이다."라고 했다.

【索隱】 三輔黃圖云 武帝營建章 起鳳闕 高三十五丈 關中記 一名別風 言別四方之風 西京賦曰 閶闔之內 別風嶕嶢也 三輔故事云 北有圜闕 高二十丈 上有銅鳳皇 故曰鳳闕也

③ 唐中당중

색은 여순은 "《시경》에 중당유벽이로다(뜰 안에 벽돌로 만든 길이 있구나)"라고 했다. 정현은 "당唐은 집의 뜰이다."라고 했다.《이아》에는 "묘중廟中의 길을 당唐이라고 이른다."고 했다. 〈서경부西京賦〉에 "전개당중前開唐中하고 미망광상彌望廣象이다."라고 한 것이 이것이다.

【索隱】 如淳云 詩云 中唐有甓 鄭玄曰 唐 堂庭也 爾雅以廟中路謂之唐 西京賦曰 前開唐中 彌望廣象 是也

④ 虎圈호권

정의 圈은 '권[其遠反]'으로 읽는다.《괄지지》에는 "호권虎圈은 지금 장안성 안의 서쪽 한편에 있다."고 했다.

【正義】 圈 其遠反 括地志云 虎圈今在長安城中西偏也

⑤ 漸臺점대

정의　안사고는 "점漸은 '침浸(잠기다)'이다. 대臺가 연못 속에 있어서 물에 잠기므로 점대漸臺라고 한 것이다."라고 했다. 상고해보니 왕망王莽이 이 대臺에서 죽었다.

【正義】顏師古云 漸 浸也 臺在池中 爲水所浸 故曰漸臺 按 王莽死此臺也

⑥ 泰液태액

정의　신찬은 "태액泰液은 음과 양의 진액津液을 본떠 연못[池]를 만든 것을 말한다."라고 했다.

【正義】臣瓚云 泰液言象陰陽津液以作池也

연못 안에 봉래산, 방장산方丈山, 영주산瀛洲山, 호량산壺梁山이 있었는데 바다 속의 신산神山과 거북과 물고기 무리들을 본뜬 것이다.① 그 남쪽에는 옥당玉堂,② 벽문壁門,③ 대조大鳥 등의 무리들이 있었다. 신명대神明臺와④ 정간루井幹樓를⑤ 세웠는데 50여 장丈을 헤아렸으며 연도輦道가 서로 연결되어 있었다.

中有蓬萊 方丈 瀛洲 壺梁 象海中神山龜魚之屬① 其南有玉堂② 壁門③ 大鳥之屬 乃立神明臺④ 井幹樓⑤ 度五十餘丈 輦道相屬焉

---

① 象海中神山龜魚之屬상해중신산귀어지속

《삼보고사》에는 "전殿의 북해지北海池 북쪽 언덕에 석어石魚가 있는데 길이가 2장, 넓이는 5척이고 서쪽 언덕에는 석귀石龜가 2매 있는데 각각 길이가 6척이다."라고 했다.

【索隱】 三輔故事云 殿北海池北岸有石魚 長二丈 廣五尺 西岸有石龜二枚 各長六尺

② 玉堂옥당

그 남쪽이 곧 옥당玉堂이다. 《한무고사》에는 "옥당玉堂 터는 미앙궁전未央宮殿 등과 12장 거리이다."라고 했다.

【索隱】 其南則玉堂 漢武故事 玉堂基與未央前殿等 去地十二丈

신주 건장궁 내의 궁전 이름으로 계단을 옥섬돌로 써서 만들었기 때문에 옥당으로 이름한 것이라고 한다.

③ 壁門벽문

신주 건장궁建章宮의 정문을 이르는데, 이를 창합閶闔이라고도 부른다. 높이가 25장이다.

④ 神明臺신명대

〈한궁궐소〉에는 "대대臺는 높이가 50장으로 위에는 구궁九宮이 있는데 구천九天에는 늘 도사道士 100명을 두었다."고 했다.

【索隱】 漢宮闕疏云 臺高五十丈 上有九宮 常置九天道士百人也

⑤ 井幹樓정간루

《관중기》에는 "궁의 북쪽에는 정간대井幹臺가 있는데 높이는 50장丈으로써 나무로 쌓아서 루樓를 만들었다."고 했다. 1만개의 나무를 겹쳐 쌓고 서로 도리를 교차시켜 돌렸는데 정간井幹과 같았다. 사마표司馬彪는 《장자》의 주석에서, "정간井幹은 정란井闌(사다리 모양의 운제雲梯)이다."라고 했다. 또 최선崔譔은 "우물은 사방 가장자리에 간幹을 만드는데, 담을 쌓을 때 정간楨幹(담을 쌓을 때 양편에 세운 두 기둥)이 있는 것과 같았다."고 했다. 또 "여러 판본 중 '간幹'으로 되어 있는 것이 많은 데, 한 본本에는 '간斡'이고 발음은 '한韓'으로 한다."고 했다. 《설문》에는 "간幹은 정교井橋(우물 정자 형태의 다리)이다."라고 했다.

【索隱】 關中記 宮北有井幹臺 高五十丈 積木爲樓 言築累萬木 轉相交架 如井幹 司馬彪注莊子云 井幹 井闌也 又崔譔云 井以四邊爲幹 猶築牆之有 楨幹又諸本多作 幹 一本作 斡 音韓 說文云 幹 井橋

한나라 역曆을 바꾸다

여름, 한나라는 역법曆法을 바꾸어서 정월正月을 한 해의 처음으로 삼고, 색은 황색黃色을 숭상하며, 관명官名의[1] 인장印章을 다섯 글자로[2] 바꾸었다. 이에 따라 이 해를 태초太初 원년元年으로[3] 삼았다. 이 해에 서쪽 대원국大宛國을[4] 정벌했다. 누리 떼가 크게 일어났다. 정부인丁夫人과[5] 낙양 사람 우초虞初 등이 방술方術로 흉노와 대원국을 저주하는 제사를 지냈다.

夏 漢改歷 以正月爲歲首 而色上黃 官名[1]更印章以五字[2] 因爲太初元年[3] 是歲 西伐大宛[4] 蝗大起 丁夫人[5] 雒陽虞初等以方祠詛匈奴大宛焉

① 名명

서광은 "다른 본에는 '명名' 자가 없다."고 했다.

【集解】 徐廣曰 一無名字

② 五字오자

장안은 "한漢나라는 토덕土德에 의거했는데 토土의 수는 5五이다. 그래서 5를 인장의 글자로 사용했다. 승상이면 '승상지인장丞相之印章'이라고 한 것과 같이 여러 경卿이나 수상守相의 인문印文이 다섯 글자에 부족하게 되면 '지之' 자를 넣어서 채운 것이다."라고 했다.

【集解】 張晏曰 漢據土德 土數五 故用五爲印文也 若丞相曰 丞相之印章 諸卿及守相印文不足五字者 以之足也

③ 太初元年태초원년

태초太初는 한무제의 7번째 연호로서 서기전 104년부터 서기전 101년까지 4년 동안 사용했다. 태초 원년 5월 역법을 바꾸어서 태초력太初曆을 사용했는데, 인월寅月을 세수로 삼았으니 농력農曆, 즉 음력 정월을 한 해의 시작인 세수歲首로 삼은 것이다. 그 이전에 사용하던 전욱력顓頊曆은 농력 시월인 해월亥月이 세수였다.

④ 大宛國대원국

지금의 중앙아시아 페르가나 분지에 있었던 나라이다. 한혈마

汗血馬의 생산지로 유명하다. 이 때(서기전 102년) 한漢나라에 정복당한 후 여러 번 사신을 보내 말을 바쳤다.

⑤ 丁夫人정부인

집해 위소는 "정丁은 성이고 부인夫人은 이름이다."라고 했다.
【集解】 韋昭曰 丁 姓 夫人 名也

그 이듬해 제사 담당 관리들이 옹雍 땅 오치五畤에 익힌 희생[牢]을 갖추지 못하고 향기로운 제물도 준비하지 못했다고 아뢰었다. 이에 사관祠官에게 명해서 제터에 송아지를 희생으로 갖추어 올리는데,① 오행五行에서 상극相剋이 되는 색으로 올리도록 하고② 나무로 깎은 용마龍馬로써③ 망아지를 대신하게 했다. 오직 오제五帝의 제사에 망아지를 썼고, 주상이 직접 지내는 교제에도 망아지를 썼다. 여러 이름 난 산천山川에는 망아지로 썼던 것을 모두 나무로 깎은 용마龍馬를 대신 쓰게 했다. 천자가 행차하다가 들은 곳의 제사에서는 망아지를 썼는데, 그 외의 다른 예는 옛 고사에 따르게 했다.

其明年 有司言雍五畤無牢熟具 芬芳不備 乃命祠官進畤犢牢具① 五色食所勝② 而以木禺馬③代駒焉 獨五帝用駒 行親郊用駒 及諸名山川用駒者 悉以木禺馬代 行過 乃用駒 他禮如故

① 命祠官進時犆牢具명사관진치독뢰구

신주 《예기》의 〈교특생郊特牲〉에 "교제郊祭에는 한 마리의 특생을 바치고 사직에 제사할 때는 소, 양, 돼지의 태뢰를 바친다."고 했다.

② 五色食所勝오색식소승

집해 맹강은 "화火가 금金을 이기는 것과 같이 곧 적제赤帝에 제사 지낼 때는 백모白牡를 사용하는 것이다."라고 했다.

【集解】 孟康曰 若火勝金 則祠赤帝以白牡

③ 木禺馬목우마

색은 목우마木耦馬이다. 禺는 '우偶'로 발음한다. 맹강은 "용의 형상을 나무에 새겨 붙인 것이다."라고 했다. 또 요씨姚氏는 "우寓는 '가叚'(조각)이다. 용마龍馬 일사一駟(네 마리 말)를 나무에 조각한 것을 말한 것이지 용마의 형상을 나무에 새겨 붙인 것은 아니다."라고 했다.

【索隱】 木耦馬 一音偶 孟云 寓寄龍形于木 又姚氏云 寓 叚也 以言叚木龍 馬一駟 非寄生龍馬形於木也

그 이듬해에 동쪽으로 해상海上을 순수하면서 신선술을 익힌 무리들을 조사했지만 체험을 한 자가 있지 않았다. 방사方士가 말했다. "황제黃帝 때는 오성五城과 열두 누각을[①] 지어놓고 집기執期에서[②] 신선神仙을 기다렸는데 이를 영년迎年이라고 명했습니다."[③] 무제는 방사가 말한 방식대로 누대를 짓도록 허락하고 누대 명名을 '명년明年'이라고 했으며, 몸소 상제上帝에게 예禮로써 제사를 올릴 때 황색 옷을 입었다.

其明年 東巡海上 考神僊之屬 未有驗者 方士有言 黃帝時爲五城十二樓[①] 以候神人於執期[②] 命曰迎年[③] 上許作之如方 名曰明年 上親禮祠上帝 衣上黃焉

① 五城十二樓오성십이루

집해   응소는 "《곤륜현포》에는 5성城과 12루樓가 있는데 이곳은 선인이 늘 거주하는 곳이다."라고 했다.
【集解】 應劭曰 崑崙玄圃五城十二樓 此仙人之所常居也

② 執期집기

집해   《한서음의》에 "집기는 땅 이름이다."라고 했다.
【集解】 漢書音義曰 執期 地名也

③ 命曰迎年명왈영년

정의 안사고는 "영년迎年은 기년祈年(풍년이 들기를 비는 것)을 말하는
것과 같다."라고 했다.

【正義】 顔師古云 迎年 若言祈年

공옥대가 말했다.

"황제黃帝 때에는 비록 태산에서만 봉제封祭를 올렸지만 풍후風
后,[①] 봉거封鋸,[②] 기백岐伯이[③] 황제에게 동태산東泰山에서[④] 봉제封
祭하고, 범산凡山에서[⑤] 선제禪祭를 올려서 두 곳에서 얻은 부절을
합한 연후라야 죽지 않는다고 했습니다."

公玉帶曰 黃帝時雖封泰山 然風后[①] 封鉅[②] 岐伯[③]令黃帝封東泰山[④]
禪凡山[⑤]合符 然後不死焉

---

① 風后풍후

신주 고대 중국 황제黃帝 때의 재상으로 산서성 운성시運城市 해주解
州 사람이다. 역법과 산수 그리고 병법의 창시자라고 전한다. 특히 병법
가로서 그가 쓴 《악기경握機經》은 현존하는 중국 최고最古의 병법서兵
法書로 유명하다.

② 封鉅봉거

집해　응소는 "봉거封鉅는 황제黃帝의 스승이다."라고 했다.

【集解】　應劭曰 封鉅 黃帝師

③ 岐伯기백

정의　장읍은 "기백岐伯은 황제黃帝의 태의太醫이다."라고 했다.

【正義】　張揖云 岐伯 黃帝太醫

④ 東泰山동태산

집해　서광은 "낭야琅邪의 주허현朱虛縣에 있으며 문수汶水가 나오는 곳이다."라고 했다.

【集解】　徐廣曰 在琅邪朱虛縣 汶水所出

⑤ 凡山범산

집해　서광은 "범산凡山은 또한 주허朱虛에 있다."고 했다.

【集解】　徐廣曰 凡山亦在朱虛

천자는 제사 도구를 설치하도록 명령하고 나서 동태산에 이르니 동태산이 낮고 작아서 그 명성에 걸맞지 않았으므로 사관祠官에게 예만 올리게 하고 봉선하지 않았다. 그 뒤 공옥대에게 제사를 지내고 신물神物을 기다리게 했다. 여름, 마침내 태산으로 돌아와 5년마다 수행修行하는 봉제封祭의 예를 전처럼 했고, 석려산石閭山에서① 선사禪祠를 더했다. 석려산은 태산 아래 터의 남쪽에 있는데, 방사方士 중 많은 이들이 선인僊人들의 마을이라고 말했기 때문에 주상이 몸소 선사禪祠를 지낸 것이다.

天子既令設祠具 至東泰山 東泰山卑小 不稱其聲 乃令祠官禮之 而不封禪焉 其後令帶奉祠候神物 夏 遂還泰山 脩五年之禮如前 而加禪祠石閭① 石閭者 在泰山下阯南方 方士多言此僊人之閭也 故上親禪焉

① 石閭山석려산

신주 지금의 산동성 태안시泰安市 남쪽에 위치하고 있는 산이다.

그 5년 뒤에 다시 태산에 이르러 봉제封祭를 수행하고① 돌아가는 길에 상산常山에서 제사를 지냈다.

其後五年 復至泰山修封① 還過祭常山

① 泰山脩封태산수봉

서광은 "천한天漢 3년(서기전 98년)의 일이다. 천한天漢 2년에 이릉李陵이 패했다."고 했다.

【集解】 徐廣曰 天漢三年 李陵以天漢二年敗也

천한天漢은 서기전 100년부터 서기전 97년까지 4년 동안 사용했던 무제의 여덟 번째 연호이다. 태초 4년(서기전 101년) 대완大宛을 꺾은 후 무제는 흉노까지 정벌하기 위해서 연호를 천한으로 고쳤다. 그래서 서광이 "천한 2년에 이릉이 (흉노에게) 패했다."고 부기한 것이다.

오늘날 천자가 부흥시킨 제사는 태일, 후토신께 3년마다 친히 지낸 제사와 한나라 황실이 봉선의 법을 세워 5년마다 한 번씩 수행한 제사이다. 박유기가 건의한 태일泰一 및 삼일三一과① 명양冥羊,② 마행馬行,③ 적성赤星의 다섯 신사神祠에는 사관祠官인 관서寬舒가④ 매년 제사를 지냈다.

今天子所興祠 泰一 后土 三年親郊祠 建漢家封禪 五年一脩封 薄忌 泰一及三一① 冥羊② 馬行③ 赤星 五 寬舒之祠官④以歲時致禮

---

① 三一삼일

신주 황노가黃老家에서는 천지인天地人 합일사상에 기반을 둔 천황天皇(천일), 지황地皇(지일), 태황太皇(태일, 인황)의 세 신神을 일컫는 말이다.

② 冥梁명양

신주 명양신을 가리킨다. 옛날에 천자가 항상 봄에 명양묘冥羊廟에서 제사를 지내는데, 희생으로 양을 받쳤다.

③ 馬行마행

신주 신명神名이다. 마행신에 제사 지낼 때는 푸른 수말을 희생으로 받쳤다.

④ 赤星五寬舒之祠官적성오관서지사관

집해 이기李奇는 "제사 이름이다."라고 했다.
【集解】 李奇曰 祀名也

색은 적성赤星은 곧 영성靈星에게 올리는 제사이다. 영성靈星은 용성龍星의 왼쪽 뿔인데 그 색이 붉기 때문에 적성赤星이라고 한다. 오五는 태일太一, 삼일三一, 명양冥羊, 마행馬行, 적성赤星이다. 모두 다섯인데 사관祠官 관서寬舒가 아울러 관리하는 것이다.
【索隱】 赤星即上靈星祠也 靈星 龍左角 其色赤 故曰赤星 五者 太一也

三一也 冥羊也 馬行也 赤星也 凡五 並祠官寬舒領之

무릇 육사六祠는① 모두 태축太祝이 통솔했다. 팔신八神과 여러
신神들, 명년明年, 범산凡山 등 그 밖의 이름난 제사祭祠는 임금
이 행차할 때에만 사祠를 올렸고 떠나면 제사를 지내지 않았다.
방사들이 일으킨 사祠들은 각자 주관했는데 그 사람이 죽으면
그만이었지 사관祠官이 주관하지는 않았다. 그 밖의 사祠들은
모두 이전과 같이 했다.

凡六祠① 皆太祝領之 至如八神諸神 明年 凡山他名祠 行過則祀 去
則已 方士所興祠 各自主 其人終則已 祠官弗主 他祠皆如其故

① 六祠육사

색은 오자五者 외에 정태일후토사正太一后土祠가 있다. 그래서 여섯
이다.

【索隱】 謂五者之外有正太一后土祠 故六也。

지금 황제가 봉선을 (시작)하고 그 후로 12년 만에 되돌아보니 오악과 사독에 두루 제사를 지냈다. 그리고 방사들이 신선神仙을 기다리며 제사를 지냈고 바다로 들어가 봉래산을 찾았지만 끝내 효험이 없었다. 또 공손경이 신인神人을 기다리며 대인의 발자국이 신선인 것 같다고 해명했지만 아무런 효험이 없었다. 이에 천자도 점차 방사들의 괴우怪迂(기이하고 이상한 것)한 이야기에 싫증을 느끼게 되었다. 그러나 끝내 속박되어서 끊지 못하고 진인眞人과 만나기를 바랐다. 이후로도 방사들이 신神에게 제사 지내야 한다고 아뢰는 이가 더욱 많아졌지만 그 효험은 예견할 만한 것이다.[1]

今上封禪 其後十二歲而還 遍於五嶽 四瀆矣 而方士之候祠神人 入海求蓬萊 終無有驗 而公孫卿之候神者 猶以大人跡爲解 無其效 天子益怠厭方士之怪迂語矣 然終羈縻弗絕 冀遇其眞 自此之後 方士言祠神者彌衆 然其效可睹矣[1]

[1] 其效可睹矣기효가도의

집해 서광은 "지금 사람이 '그 일을 알 수 있다.'라고 이른 것과 같은 것이니 믿지 못할 따름이다. 또 여러 판본에서 모두 '가可' 자가 없다."고 했다.

【集解】 徐廣曰 猶今人云 其事已可知矣 皆不信之耳 又數本皆無可字

태사공은 말한다.

"나는 천자를 따라 순수하며 천지天地의 여러 신과 이름 있는 산천에 제사 지내고 봉선封禪에도 참가했다. 수궁壽宮에 들어가 신에게 제사를 모시며 하는 말과 방사, 사관들의 말을 관찰하여 연구했다. 이에 물러나와 예로부터 이래로 신에게 제사하는 일을 차례대로 논술한 것은 그 겉과 속을 갖추고 드러내서 후대에 군자가 여기에서 살펴봄으로써 알게 하는데 있다. 조두俎豆나 규폐珪幣에 대한 상세한 것과 헌수獻酬의 예절 같은 것은 담당 관리들이 보존하고 있을 것이다."

太史公曰 余從巡祭天地諸神名山川而封禪焉 入壽宮侍祠神語 究觀方士祠官之言 於是退而論次自古以來用事於鬼神者 具見其表裏 後有君子 得以覽焉 至若俎豆珪幣之詳 獻酬之禮 則有司存焉

색은술찬   사마정이 펼쳐서 밝히다.

효무제가 황극皇極을 차지했을 때, 사해는 화평하였다. 뜻은 화려함을 드러냄을 숭상하고, 더욱 신명神明을 공경했다. 여덟 (귀신의) 길에 제단이 열리고, 오치五峙에 접하여 통했다. 아침에는 친히 오리장군을 친견하고, 저녁에는 문성장군을 임명했다. 제사는 사전祀典에 거슬렀으며, 순행은 어긋나게 했고 점을 쳐서 정벌했다. 숭산嵩山에 오르고 대악岱岳에 새기며, 풍경을 바라보니 소리가 전해졌다. 해를 맞이하고 날을 제사하며, 역법을 개정하여 바로잡았다. 중토中土를 덜어내어 지치게 하고,

저기 변방에서 군사를 일삼았다. 날마다 휴식 없이 보급해야 하니, 사람들은 즐기고 살 길이 없었다. 구부려 보니 영정_{嬴政}(진시황)이라, 거의 나란하게 저울질하고 싶구나.

【索隱述贊】 孝武纂極 四海承平 志尙奢麗 尤敬神明 壇開八道 接通五城 朝親五利 夕拜文成 祭非祀典 巡乖卜征 登嵩勒岱 望景傳聲 迎年祀日 改曆定正 疲耗中土 事彼邊兵 日不暇給 人無聊生 俯觀嬴政 幾欲齊衡